新股民**从零开始**学炒股系列

每个新股民都要学的短线赚钱技巧！

从零开始学 短线

李凤雷◎编著

（第三版）

股市里没有永远的胜利者。如果你没有做长线的耐心，那么你就应该静下心来，仔细发掘短线良机。当机会出现时，迅速出手；当机会丧失时，果断退出。只有这样，你才能得到最丰厚的回报。

经济管理出版社
ECONOMY & MANAGEMENT PUBLISHING HOUSE

图书在版编目（CIP）数据

从零开始学短线/李凤雷编著. —3 版. —北京：经济管理出版社，2015.10
ISBN 978-7-5096-3934-4

Ⅰ．①从…　Ⅱ．①李…　Ⅲ．①股票交易—基本知识　Ⅳ．①F830.91

中国版本图书馆 CIP 数据核字（2015）第 204165 号

组稿编辑：勇　生
责任编辑：胡　茜
责任印制：黄章平
责任校对：车立佳

出版发行：经济管理出版社
　　　　　（北京市海淀区北蜂窝 8 号中雅大厦 A 座 11 层　　100038）
网　　址：www. E-mp. com. cn
电　　话：（010）51915602
印　　刷：三河市延风印装有限公司
经　　销：新华书店
开　　本：720mm×1000mm/16
印　　张：15
字　　数：238 千字
版　　次：2016 年 1 月第 3 版　　2016 年 1 月第 1 次印刷
书　　号：ISBN 978-7-5096-3934-4
定　　价：48.00 元

第三版序

有股票交易经验的投资者会有一个共识：股票市场投资风险大，规避风险获得利润是一件看似简单却难以实现的事情。要获得稳定的投资回报，我们需要在牛市中买卖股票。只要我们有自己的一套交易策略，获得收益就并非难事。股市经历了 2009 年 7 月到 2014 年 7 月长达 5 年的熊市调整后，终于在 2014 年下半年进入牛市状态。截至 2015 年 5 月底，上证指数收盘在 4500 点的时候，涨幅已经高达 150%，创业板指数上涨 400% 以上。我们显然不应该错过这波大牛市。在牛市中，上证指数还未突破历史高位的时候，个股早已经处于突破的边缘或者已经再创新高。

在新的牛市行情中，我们可以利用已有的交易策略来买卖股票，同样可以收到较好的投资效果。与以往不同的是，这一次涨幅较大，而个股当中牛股辈出。行情转暖的时候，把握交易机会的投资者，可以是超短线买卖的投资者，也可以是中长期持股的投资者。

根据不同的交易策略需要，我们判断行情的时候，可以选择 K 线、技术指标等完成短线交易，提升每一次买卖的盈利空间。当然，我们要想获得中长期的盈利机会，可以在均线交易、趋势线交易和跟庄交易上下功夫，获得庄家买卖股票的信息，提升把握中长期盈利机会的能力。

短线买卖的时候，每一次都能有机会获得 10%~30% 的利润；而中长期交易的时候，卖出股票时获得翻倍收益的概率很大。在牛市行情中，我们短线交易盈利的机会很多，低买高卖是个不错的交易手段。即便短线买入股票后出现亏损，随着股票指数的反弹我们还是能够继续盈利的。在中长期回升趋势中，我们可以利用股票指数调整的机会增加持股资金，在中长期的回升走势中获得收益。

技术分析过程中，我们可以通过学习最基本的 K 线、均线、指标、趋势、短线交易策略等获得收益。如果我们能够在各种走势中融会贯通地运用这些指标，那么盈利是迟早的事情。从短线交易到跟庄和战胜庄家，我们有很多需要学习的地方。"新股民从零开始学炒股系列"丛书，内容涉及K线、均线、指标、趋势、短线和跟庄等全面的技术分析内容。在经过修订后的本系列第三版的书中，我们将更好、更新的实战案例融入进来，为投资者提供更贴近实战的交易手法。

在牛市出现的时候，各种技术指标也会出现不同于以往的复杂变化。不过，指标变化万变不离其宗，按照本系列第三版书中所讲的内容，我们不难发现交易机会并可获得稳定的投资回报。值得一提的是，本系列第三版图书的内容并非只针对特定案例做出特定的买卖策略解读，实际上，书中的案例全部是可以参考的操作策略。我们要善于把握交易机会，举一反三地运用买卖方法，提高交易的准确性。

升级版的牛市需要升级版的技术分析方法，在牛市当中，牛股有更好的波动潜质，而技术指标的变化也是有迹可循的。我们平时常见的指标形态和价格走势，会在牛市中表现得更加出色。当然，相应的交易机会就更不能错过了。围绕K线、趋势等技术分析方法，我们能在实战交易中做得更好。

不同的牛市行情有不同的牛股走势，在2014年7月以后的牛市中，成交量远超过历史量能。融资融券活跃，股指期货、期权蓬勃发展，我们应当以平常心看待牛市。从零开始学习股票交易的过程，也可以获得超过指数的投资回报。

前　言

　　短线投资者中，很多人渴求能有一种独特的买卖手法，可以让自己在短时间内暴富，其实这真的是很幼稚的想法。"独门绝招"肯定是没有的，投资者也没必要寻找什么奇招异术，最简单的操作方法也许可以获得最大的收益。买卖股票就是要使用最为简便的操作手法，把心态调整到最佳状态，一如既往地坚持自己的操作方法就能获得意想不到的投资收益。众所周知，哲学的思想通常都是简单明了，但是其方法又能在关键时刻解决问题。在股市中，那些所谓的稀奇古怪的买卖手法，即使投资者真的学会了也未必能够起到应有的作用。

　　使用技术手法操作股票时，最简单的方法往往也是最实用和最有效的方法。不常用的指标、策略和操作方法不一定能够在实盘操作中发挥应有的作用。投资者做短线买卖股票，就是要使用最简单、最有效的方法放大投资收益。像投资者都知道的成交量、均线、量比指标、换手率指标、均笔成交量线、MACD指标等指标，虽然常用但是真正用得好的人并不多见。如果能熟练使用这些指标，那么就不需要多么高深的操作手法，投资者同样会获得骄人的业绩。与其费尽心机寻找那些所谓的"独门绝技"，投资者不如就做个普通的短线客，用普通的手法获得更好的投资收益。

　　本书为投资者介绍的正是一些简单易学的短线操作指标和买卖股票的方式、方法以及关于短线炒股的一些原则、心态与风险提示等内容。相信初学入市的短线投资者，或者说是涉市不久和对基本的短线操作手法一知半解的投资者，都可以借助本书中介绍的内容，成为一名合格的短线炒手。特别值得一提的是，本书最大的特点就是精选了市场中发生的真实案例，来说明最基本的短线操作方法和选股策略等，相信读者阅读完毕之后，定会在短线操作中受益匪浅。

目　录

第一章 短线投资的基础与理念

第一节 短线投资的概念

短线炒股是指快进快出的买卖股票。根据持股的时间不同，短线交易大概有三种买卖方式：第一种是当天买入第二天卖出，做一次相当于"T＋0"的短线交易；第二种是当天买入，过几天后选择恰当时机卖出；第二种是持股的时间比较长，投资者会选择在一两周后再卖出手中的股票。

不管是哪一种短线交易的操作方式，都是采用技术分析的手段进行股价买卖的，这和长线投资有着很明显的区别。短线投资选择股票和持有股票的时间都比较短暂，投资者只要选择了股票就必须面临盈利或者亏损的考验。相比长线投资来讲，短线投资能否获得投资收益，在很大的程度上取决于投资者的操作水平和经验以及心理方面等因素；短线投资能否获得相应的投资收益，在很短时间内就能反映出来。

追求价值投资的长线投资者通常认为短线投资是"银"，而长线投资才真正是"金"。但不可否认的是，短线投资中确实隐含着大量的投资收益，如果投资者能够抓住股价波动的大部分投资收益，而且又能够避免其中的多数下跌风险，那么投资者的资金在短时间内按照几何趋势大幅度的上涨是非常有可能的。事实上，只因为众多的投资者没有相应的高水平投资手法，相对过高的手续费用才成为其不能够持续性盈利的障碍。

短线投资的风险虽然大，但相对应的预期投资回报也是比较高的。短线投资对于有天分的投资者，是个非常好的盈利手段。如果投资者能够在短线交易中磨炼成为一名交易高手，那么今后不论市场如何多变，都可以获得相应的丰厚回报。从事短线交易可以避开长线投资的许多烦琐的选股过程，可以仅仅凭借一只股票的基本 K 线形态、市场的热点状况选择并持有股票，该股票基本面的情况只要能够在市场一般的水平即可。事实上，某些短期内疯狂上涨的所谓热门股票，不一定就有多么大的投资价值。但是能够成为市场中热捧的大牛股的，都是那些预期较好短期却不被基本面支持的股票。

第二节　短线投资与长线投资的区别

短线投资和长线投资都是在买卖股票，但是在选股的方法和操作的技巧上却有很大的区别。并且由于两者的持股时间相差比较大，所面临的投资风险是不一样的；操作频繁程度不同，所承受的持股压力也是不一样的；持股时间不同，操作每一次交易带来的收益也是不同的。具体说来，短线投资与长线投资有以下一些明显的区别。

一、短线重技术，长线重基本面

短线投资看重的是热点股票，选择的股票都是市场中的龙头股票。短线投资不会刻意地追求公司的高收益、较好的基本面情况，而是只要公司没有特别大的持股风险，股票是当时市场中的强势股票，就可以短线买入并持有几天。在短线投资中，公司的基本面已经不是成功选股最重要的依据，而公司的题材、主力和散户炒作的热情等才是短线买入股票的主要依据。短线投资更重视股价的 K 线形态、成交量、换手率以及 MACD 指标等各种价格指标的变化。

长线投资选择股票时，非常重视公司的基本面、股价的估值情况和上市公司未来的成长潜力等因素。长线投资能否在以后获得较好的投资回报，与公司的基本面是密不可分的。此外，股票的估值水平也是判断长线投资股票今后股价上涨潜力大小的重要依据。长线持有的股票中有比较大的上涨空间的，一定是那些被低估并且有很强成长性的股票。

二、短线持股风险小，长线持股风险大

短线持股时间短暂，相对应的持股风险就小得多了。只是短线交易的次数频繁，如果没能够买入强势股票，短时间的亏损将是不可避免的。短线操作之所以具有风险，在很大程度上是投资者的选股能力以及操作技巧上的不足造成的。短线投资可以频繁地更换股票，选择错误了也可以在短时间内纠正过来，而长线投资就不同了。长线投资者持有股票的时间少则几个月，多则会达到几年的时间。如果选中一只未来将亏损的股票，那么长期看来资金的巨大损失将不可避免。长线投资具有一次性的特点，一旦选定了某只股票就会长期持有，对于投资者的选股技巧和判断指数长期走势的能力要求比较高。相比短线投资频繁的股票操作，长线投资根本不用在意短期股价的走势，也不必具备高超的操作手法。能够进行长线投资的投资者，必须对公司发展、行业状况和国家经济发展情况等都有非常好的把握才行。

三、短线瞬间收益高，长线瞬间收益不确定

短线交易之所以能够吸引众多的散户参与其中，主要原因就是短线投资中有长线投资不具有的丰厚的投资收益。如果短线投资者能够顺利地把握住大部分的股价波动，获利是非常容易的事情。并且对于短线操作高手而言，获取相当于长线投资几倍的利润是很容易的事情。真正的短线操作高手是在长期的股票交易中，不断地摸索正确的选股方法、交易技巧、资金管理手段等，在亏损与盈利之间不断波动，最后才进入稳定的盈利状态的。可以说，能够在市场中长期生存，并且稳定活力的短线投资者，都是用大量时间与金钱"磨炼"出来的。只有长时间的买卖股票，才能摸索出其中的高超技巧，当然也只有经历过不断的亏损与盈利的波动，才能够找出交易高手的操作真谛。

四、短线交易费用高，长线交易费用几乎为零

短线投资交易次数比较多，对应的交易费用就比较高。而长线投资就是"一锤子买卖"，投资者只要选中某只股票，就会长期持有一直到合理的时间，股价涨到合理的价位为止。这样，长线投资买卖行为基本上就发生一

次，几乎谈不上什么交易费用。而短线投资就不同了，多次的频繁操作会面临较大的费用负担。长期进行短线交易的投资者，如果水平不是很高，费用对盈利的侵蚀是非常严重的。事实上，市场中有很多的短线投资者出现亏损的现象，不是因为某一次交易亏损了较多资金，而是长期频繁地交易积累的交易费用实在是太高了。微不足道的盈利根本不能够弥补长期积累的交易费用带来的损失。这也正是为什么很多短线投资者亏损得并不多，却没有相应的投资回报的重要原因之一。

五、短线操作水平高，长线选股水平高

短线买卖股票，仅每天关注股价不断的上下波动，就能够使许多投资者心烦意乱了。要想获得相应的投资回报，谈何容易？短线投资者不仅要有较好的操作技巧，还要有对应成熟的交易心态。只有两者结合才能够获得不错的投资收益。每天关注着市场中近2000只股票不断地上下波动，投资者从中选择一只能够获利的股票还是相对容易的。但是选择的股票上涨后，投资者就一定能够获得投资收益吗？笔者以为也未必如此！市场中有多少投资者在获利丰厚的时候，没控制住自己的贪心，继续持股以至于达到亏损的状态。不能说市场没有给投资者获利的机会，而是投资者自己因为心态上的诸多原因，错失了获利的大好机会。

长线投资虽然不需要像短线投资那样高的买卖股票技巧，但是在选择股票的时候是要求精益求精的。细微的疏忽大意都可能导致盈利大打折扣，或者是造成严重的投资损失。当然市场中好股票是不少的，但是能够为投资者带来超过市场平均收益的股票，寻找起来还是有一定的难度的。通过长线投资操作股票，如果买卖时机把握得不正确，在错误的时间买入或者卖出股票，就会造成相当大的损失。长期投资在时机选择上更加注重低吸高抛，只不过其中的低必须低位接近股票的历史最低价格，低到物有所值的程度；而且要在股价上涨到历史高位的时候再卖出股票。只有这样收益才会是足够多的。

第三节 短线操作的大盘条件

短线操作股票，不论操作手法有多么的过人，都需要大盘的支持。投资者只有在大盘向好的时候做短线操作，成功的概率才会高。没有指数的配合，个股要想大幅度地上涨几乎是不可能的。大盘呈现出多头趋势的时候，反映出来的条件是比较多的，具体来讲有涨跌家数条件、涨跌幅股票对比条件、大盘成交量条件、指数位于均线位置的条件等方面。如果大盘满足了几乎所有看多的条件，那么市场中个股的上涨就将是很有保证的。

一、涨跌家数条件

1. 5只以上的涨停股

若市场中有 5 只以上的股票达到了涨停板的幅度，那么当时的市场处于非常强势的状态。大盘给短线投资者提供的操作条件是比较好的，投资者可以大胆地做多。但值得注意的是，虽然市场处于非常强势的状态，投资者也应该看一下跌幅排行榜上的股票，如果跌幅排行榜上有跌幅很大的股票出现，同时也出现了跌停的股票，那么投资者在选择股票的时候就要小心挑选了。既有涨停又有跌停的股票，说明市场的分化是比较严重的，短线投资者应该选择那些强势的板块来操作才行。

2. 涨幅最小的股票都在 3% 以上

如果第一板中上涨幅度最小的股票都在 3% 以上，那么证明这个市场是非常强势的。投资者可以任意地选择强势股票来操作，亏损的可能性是非常小的。如果这时候涨幅排行榜上的股票能够有多只涨停，那么市场的多头趋势就更明显了。

3. 涨幅大于 5% 的股票少于 4 只

涨跌幅排行榜中最多能有 8 只涨幅最大的股票上榜，如果市场中上涨幅度在 5% 以上的股票少于 4 只，那么市场处于非常弱的状态中。在这种市场中，投资者不论买入什么样的股票，风险都是非常高的。最好的办法就是不去购买股票，连短线操作都不要去尝试做，以避免不必要的投资风险。

二、涨跌幅股票对比条件

1. 大盘上涨

如果大盘上涨时，上涨的股票数量大于下跌的股票数量，那么指数的上涨情况真实可信。投资者可以借助大盘向好的这一条件，积极地进行短线操作。相反，如果大盘上涨时，上涨的股票数量反而小于下跌的股票数量，或者上涨和下跌的股票数量相等，那么投资者就要小心了。这时候很可能是个股即将见顶回落，而主力借助拉升指数的机会不断出货，此时投资者买入股票后很可能也是最高价位了。

2. 大盘下跌

如果大盘下跌时，上涨的股票数量小于下跌的股票数量，那么这时候的市场处于真正的弱势状态，投资者可以暂时不进行短线操作，避免造成投资损失。如果大盘下跌时，市场中下跌的股票数量却小于上涨的股票数量，这时候很可能是主力借助打压指数的机会进行建仓的操作，短线投资者可以在此时有选择性地进行短线操作。

三、大盘成交量条件

大盘上涨的时候，成交量随之放大，证明市场中做多的投资者比较踊跃，短线投资即可进行。同样地，大盘下跌的时候，对应的成交量出现明显的萎缩状态，说明投资者面对下跌的市场表现为惜售，市场处于强势调整之中，投资者可以谨慎地开展短线操作。处于熊市中的指数，成交量会长时间保持在缩量的状态，缩量也是成交萎靡不振、投资者参与意愿不强的表现，这时候最好以持币观望为主，尽量较少进行短线操作。而如果成交量温和放大到指数下跌以来从未有过的水平，并且成交量能够与指数一同上涨，那么后市将会看好，这时候适合进行短线操作。

若在指数上涨的过程中，突然在某一天出现了巨量上涨的现象，这时候投资者就要非常小心了。因为既然指数能够出现不正常的巨量上涨，而且大盘又是处于高位，很可能是由于众多的主力同时出货所引起的。短线投资者应该在仔细观察后市变化的情况下再做短线操作的决定。

如图 1-1 所示，从上证指数的日 K 线图中可以看出，指数处于熊市中的时候，成交量一直处于萎缩状态，做短线的机会显然是不多的，最好的做法就是以持币观望为主。指数进入牛市的时候，图中显示，成交量首先出现了放大的迹象，并且在成交量不断膨胀的同时，指数也随之上涨到了新高度，这就是所谓的量增价涨的良好趋势，投资者可以在此时大胆地做短线，风险相对较小。

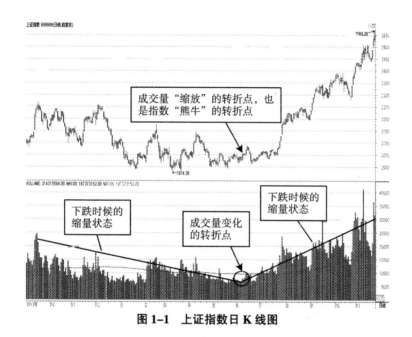

图 1-1　上证指数日 K 线图

如图 1-2 所示，上证指数在高位见顶 3478 点之后，指数并始大幅度地暴跌。见顶之时显然在成交量上已经表现得很明显了，成交量在指数见顶时达到了指数上涨以来前所未有的高度。如此明显的见顶行情，恐怕很多的投资者都可以看出来。见顶之后，短线操作风险很大，最好撤出全部资金，等待指数再次企稳后再择强势品种进行操作。图中显示指数见顶回落之后，成交量就出现了非常明显的萎缩状态。显然调整之时，市场中观望气氛是很浓的，短线操作小心介入为好。

四、指数位于均线位置的条件

投资者既然做短线，就要大体地预测近期指数的涨跌状况。在指数上涨

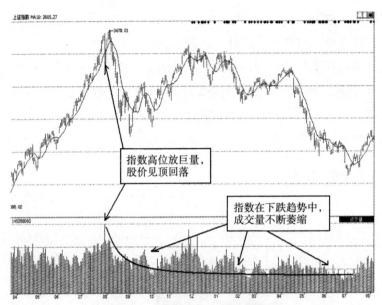

图 1-2　上证指数日 K 线缩量下跌

时进行短线操作，这样才能够获得相应的投资回报。具体方法就是看指数在
5 日均线中的位置：若指数处于 5 日均线的下方，没有像样的突破出现，那
么短期内仍然看空，做短线就容易出现亏损；若指数处于 5 日均线的上方，
那么投资者可以放心地做短线，这时候风险会相对小得多；若指数刚好出现
了向下穿破 5 日均线的情形，那么投资者最好短时间内不要操作短线，因为
市场已经出现了调整的趋势；若指数刚好出现一根大阳线向上穿越了 5 日均
线，那么指数在近期内的表现将会很好，投资者可以大胆地做短线。

　　如图 1-3 所示，从上证指数的日 K 线图中可以看出，在下跌过程中，指
数就从未出现过站稳于 5 日均线上方的时候，在这种情况下，投资者做短线
的风险是非常大的。即使投资者的操作技巧非常到位，也难免会在指数不断
见底的时候出现亏损的情况。真正做短线的好时机是在指数上涨到 5 日均线
以上，并且没有再次下跌的时候。

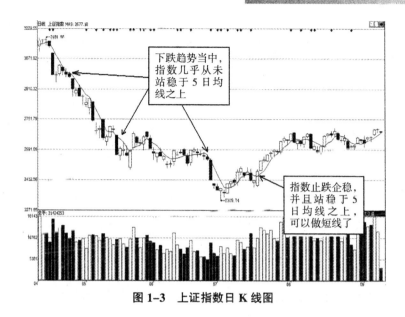

图 1-3　上证指数日 K 线图

第四节　短线投资应坚持的原则

短线交易风险大，收益也非常诱人。短线操作能够获利是好事，但是在收益的同时控制好损失更加重要。控制风险的最好手段就是要坚持正确的投资原则，按照预先设定的原则买卖股票才不会造成很大的投资损失。

一、设定止损

止损就是"亡羊补牢"的手段，在股价下跌出现连续亏损的时候，卖出手中的股票减小投资损失才是明智之举。股票价格的波动性和短线投资者频繁地操作股票，导致出现投资损失的概率是比较大的。在亏损成为大概率事件的短线投资当中，如何避免投资风险，是短线投资者能否连续获利的关键所在。很多时候亏损就发生在不经意的缓慢下跌过程中，投资者对不断减少的损失不以为然，对其采取放任的态度，时间一长损失也就进一步地加重了。短线投资者如果能够在恰当的时候做出相应的止损操作，将买卖股票的风险控制在自己能够承受的范围内，这样即使是非常频繁的短线操作也不会出现太大的亏损风险。

二、适当空仓

股市的运动在很多时候都是有明显的方向性的，可以长时间地持续性上涨，当然也可以不间断地阴跌不止。牛市中连续上升的行情固然是好事，不会炒股的投资者也可以赚到些小钱，而一旦股市进入到熊市当中，不管短线操作技巧如何高明，出现亏损也是很容易的事情。股价上涨时会有很多的爆发性质的行情，可以在短短几周内走完一年的上升行情，但是下跌时却可以持续一年甚至几年的时间。试问哪一个短线投资者能够在长期下跌的熊市中获得不错的投资回报呢？

在只能够买涨却不能卖空的条件下，投资者保住利润的最好办法就是在熊市中空仓。这样即使下跌的幅度再大，持续的时间再长，投资者也没有什么亏损的风险。在级别较大的"股灾"面前，空仓即使没有赚得一分钱，相比市场中亏损的投资者来说也是获利的。牛市中大胆地做几笔有效果的操作，熊市中空仓避险是最有效果的投资原则。

众多的投资者之所以会出现投资损失，往往不是因为没有获得相应的收益，而是在股价下跌的时候没有即时停损。能够最终盈利的投资者通常只允许资金不断的增长而不允许其出现连续的亏损；相反，最终出现投资损失的投资者，在最开始的时候也常常可以获得投资收益，但是随之而来的损失就将所有的盈利全部吃掉了。总之，短线投资者应该保持一条"盈利的腿"在市场中行走，亏损的时候学会停下来休息，这样资金才能够不断地膨胀。

三、只买上升中的股票

为什么只买上升中的股票呢？原因很简单，上升中的股票方向已确定是上涨的，而下跌中的股票趋势也确定是下跌的，要想获得相应的投资收益，买那些下跌中的股票肯定是不可行的。

下跌中的股票既然处于跌势当中，自有它下跌的理由，投资者不必管这样的股票何时能够上涨，只要当时没有上涨的，置之不理即可。短时间的涨跌是不可预测的，如果投资者幻想着买入下跌中的股票能够立刻上涨就不现实了。股价不是因为下跌之后，价格低廉才开始上涨的；也不是因为某一个投资者认为股价已经见底了就开始见底回升的，而是只有市场真正认可了上涨趋势的时候，下跌的股票才可以上涨。

股价下跌自有下跌的理由，而上涨也会有上涨的原因。短线投资者不需要判断股价的顶部在何处，也不需要考虑下跌的股价何时见底回升，只要购买在上涨途中的股票就是获利的最简便易行的投资方式。买入上升阶段的股票就像是顺手取得了市场送给的收益，而买入下跌阶段的股票就像是在乞求股价转变运行方向。想必没有哪一位投资者会舍弃得来相对容易的收益，而去追求下跌中可能根本不存在的收益。

四、只买龙头股票

短线投资者要想获得超额投资回报，选择性地买入一些实实在在的龙头股票是获利的捷径。龙头股票可以在市场中个股走向不尽如人意的时候，表现出非常强势的横盘或者上涨的趋势。而当市场中个股都在上涨的时候，龙头股票的上涨空间将会更大。市场中真正能够称为龙头股票的家数并不多见，能够对指数的涨跌起到引领作用的股票，才是真正的龙头股票。可以成为龙头股票的公司，所在的行业大部分是受到国家优惠政策大力扶持的行业。

五、设立盈利目标

做短线投资一定要设立一个合理的盈利目标，在目标达到时即使股价仍然在上涨，也应卖出一部分股票。这样就不会在股价下跌时减少收益，或者造成不必要的损失。设定盈利目标的好处就是可以避免投资者获得超额利润之后贪婪地不断持股，以至于漠视高位持股的巨大风险。

六、指数走稳时做短线

指数的涨跌对个股的影响非常大，通常指数上涨的时候很少有下跌的股票，而指数下跌的时候个股也就很难形成趋势性的上涨。在指数企稳的时候买卖股票，不管是做短线操作还是长线持有股票风险都相对小得多。在指数由熊转牛的初期，通常都是资金强大的主力建仓的时候，股价在这时候一般没有下跌的风险，短线投资者恰好可选择强势个股操作。当指数企稳并且站在多条均线之上的时候，个股几乎不可能出现明显的下跌趋势。指数会在个股不断冲高回落的过程中，沿着波动的趋势上行。短线投资者只需要寻找那些近期的强势股票，并且坚决地买进，就可以获得不错的收益。事实上，指数上涨时供短线投资者持有的股票数不胜数，只是有些股票涨势缓慢些、极少数的龙头股票涨势强一些罢了。此时不管是持有哪一种股票，获得收益还是相对容易的。指数趋势向好的时候，即使短线出现了少量的亏损，更换一只强势股票很可能在第二天就能把损失弥补回来。

第五节　短线投资应具备的心态

炒股就要保持良好的心态，短线投资者尤其需要如此。若没有良好的投资心态，就像是失去了方向的帆船，在风浪吹打中无法到达彼岸。

曾经有报道称，股民因为炒股失去理智，而做出了违法的事情。如一位陕西的股民因为投资失利而损失了大部分的钱财，愤懑之下竟然扬言要炸掉上交所，结果落得个判刑的悲惨结局。另一位股民在股市中赔钱以后，心里出现了极为不健康的想法，竟然偷偷摸摸地记下了别人的股东账号和密码，使别人的资金遭受了重大损失，结果也被以盗窃罪判了刑。

以上两个例子都是股民投资失利后非常不健康而且不明智的举动。股票市场中盈亏是每天都在发生的事情，投资者一定要以平和的心态对待才行。只有具备健康的心态，盈利才会成为可能。

股市中有句谚语"不以涨喜，不以跌悲"，说的就是炒股所必需的心态。那么短线投资者炒股应该具备哪些具体的心态呢？笔者认为主要有以下的六种：

一、热爱炒股

热爱炒股，将炒股当作自己的一份工作认真对待。尤其对于短线投资者来说，只有这样才能够使自己的心思完全专注于操作的手法上，而不是赚钱本身。买卖股票的时候，投资者不要把心思全部放在资金的变化上，每天都想着赚多少钱，这样总有一天会掉进金钱的陷阱中。赚钱本身固然重要，但是我们短线投资者炒股不仅仅是为了赚钱，更重要的是将炒股当作自己的一项事业来完成。努力做好我们热爱的这个炒股事业，赚钱只不过是其副产品而已。

二、相信自己

不仅炒股需要有信心，做任何事情都是需要自信心的。不管股市如何变化，不管资金出现了多么大的亏损，相信自己可以通过自己的知识、头脑和理智的心态战胜不可测的股市，这样，投资者才能够在股市中战无不胜、攻无不克，赢取属于自己的财富。

笔者的经验是，在遇到短时间亏损的单子时，投资者往往倾向于自己了结头寸，而不去理会自己最初做出的持有决定。那么这种情况是如何发生的呢？就是在投资者被股价来回的涨跌弄得不耐烦而失去自信心的时候，投资者终于做出不明智的决定，卖出了手中的股票，即便没有到达自己的止损价位。卖出股票就是失去自信心的投资者做出的不理智行为，这也是为什么很多投资者会在失去本应该获得的收益时而懊恼不已。

三、独立判断

人云亦云，不是跟着市场走就是跟着舆论走，这是众多的投资者没有获得应有的投资收益的原因之一。市场总会预先走出特定的行情来，而舆论总会在市场变化之后给出不恰当的投资建议。短线投资者要做的就是坚持自己的投资原则和投资策略，不以舆论的说法为导向买卖股票。也只有这样，投资者才不至于在纷繁复杂的市场中失去方向。投资者固然有自己的想法，但是不论是什么样的想法都要服从于市场的变化，市场会告诉你股价应该有的运行方向。投资者只要独立地判断股价的走势，并且做出正确的投资决策即可。

四、准确评价自己

准确评价自己的炒股能力，不过分高估自己的炒股实力，也不过分低估自己的炒股能力，是最终盈利的保证。短线投资者获得丰厚的收益时，往往也是自己失去理智的时候。狂妄自大的心态在很多时候都出现在获利之后，此时也是投资者最容易亏损的时候。准确并且诚实地判断自己的能力，在适当的时候做出调整是比较好的炒股心态。即使出现了亏损，也不过分地相信自己的选股能力，这样才不至于掉进不断亏损的陷阱中去。投资者自信是应该有的心态，但是在市场方向真的改变时做出推翻自己原有想法的决定，有时会更好一些。

五、学会改变

股价涨跌变幻莫测，没有一个绝对的理论能够预测股市未来的走势。即便短线投资者制定了非常完美的投资计划，也要在适当的时候做出调整。因为市场是瞬息万变的，再好的投资计划都会在不断变化的股市当中受到严峻的考验。能否实现应有的投资收益，就要看投资者能否在适当的时候做出适应市场变化的微调。当然，笔者认为，适应市场的调整应该是比较小的，大的方向上应该有足够的证据才能够改变自己的投资策略。

例如，短线投资者认为自己的资金过于集中地投资于一只强势股票，哪怕是市场有一丁点儿的变化，都可能会带来亏损。那么这时候投资者最好稍微调整一下自己的仓位，特别是在指数涨跌趋势不明朗的时候，调整是必需的。

六、努力做到最好

任何行业都需要努力做到最好，成功炒股也是需要长时间的积累的。短时间的努力可能并不会获得相应的投资回报，只有通过长期锲而不舍的努力才有可能成为短线交易的专家。短线投资者交易的次数比较多，亏损的时候不能失去理智，需坚持自己的投资原则，找出亏损的根源来。操作股票无非就是盈利和亏损两件事情，盈利固然是好事情，但是也从未有过一位投资大师能够始终保持盈利的状态，投资失误时也是提高自己的最佳时机。投资者若能抓住亏损提供的机遇，在技术分析、交易方式和资金管理上做得更好，就能够在股市中长期生存，获得源源不断的收益。

以上的六点对于短线投资者来说，都是应该做到而难以做好的。投资者要想成为市场中的常胜将军，不被股市所淘汰，摆正投资心态是非常重要的。炒股是一个非常难以做好的行业，成为真正的专家的前提是一定要把炒股当作自己热爱的职业来认真对待，自信而独立地思考问题，不为惊心动魄的股价和说三道四的舆论所左右，把每一次的股票交易都当作提高的机会来看待。热爱炒股这个行业，投资者就可以在长时间的交易中不失去兴趣，而保持应有的独立，从而清醒地看到股市中的风险和收益，使资金稳定地增值。

第六节　短线投资的风险防范

短线投资与长线投资一样会面临着诸多的投资风险。基于短线投资快进快出、频繁追涨强势股和热点之间轮番炒作等特点，必然会有买卖股票时机选择错误、情绪化的频繁交易、买高卖低等非常明显的短线风险。针对这些潜在的操作风险，投资者首先应该明确其风险，然后要针对不同的风险谨慎地操作股票。

一、选股错误

短线中的选股错误，主要是指投资者选择了冷门股票，或者是选择了那些被轮番大炒过的所谓热门股票。不管是这两种股票的哪一种，要想获得短线收益都是很难的。冷门股票不被市场重视，即使估值比较低也不会成为短线黑马，是否能够成为长线黑马就和短线投资者没有什么关系了。而热门股票拿在手中固然是好事，但若热门股票被过度炒作，那么其中的风险就可想而知了。在特别的情况下，短线投资者没有注意到热点板块的轮动效应，恰好买入一只处于顶部的所谓龙头股票，以前可以领涨的龙头股票到短线投资者手中就变成了领跌的龙头股票，这样大的风险投资者不得不注意。

二、选时风险

在大部分时间中，指数的涨跌趋势是比较明确的。众多个股的走势在长期看来也有一定的趋势性，不管是处于上涨还是下跌趋势中，一旦方向确立就不会轻易地被改变。但是即使涨跌趋势是确定无疑的，谁又能保证短线投资者每次买入股票之后都可以赚到钱呢？股价波动短期的不确定性，决定了投资者一定是在深思熟虑后才开始入场的，不然买入后下跌亏损的可能将是很大的。市场处于 2007 年大牛市的时候，曾经有人提出"选股不选时"这一论调，但笔者认为，如果哪位投资者听了这样的说法，就陷入了非常巨大的投资陷阱中。不管是从长线投资还是从短线投资来说，选择在指数到达6000 点高位的时候建仓都是一场灾难。6000 点高位见顶后，有几只股票能够在短期内涨回当时的价位呢，两市当中几乎没有能够在短期超越那个历史高位的。

　　如图 1-4 所示，从武钢股份日 K 线图中可以看出，该股在下跌过程中即使操盘技巧高超，都难以获得较好的投资收益。该股自从 12.50 元见顶之后就一路缓慢下跌，虽然每次下跌的幅度都不是很大，但是时间一长，投资者的资金就会被缓慢地吞噬掉。

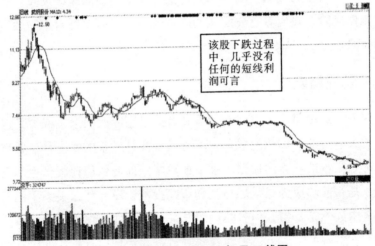

图 1-4　武钢股份 (600005) 日 K 线图

　　如图 1-5 所示，从上证指数的日 K 线图中看出，武钢股份跟随着指数见顶 3478 点之后，下跌趋势就从未停止过。指数进入下跌趋势中越走越弱，而该股的表现也更是不尽如人意。从这两个实例可以看出，投资者在选择入场时机上还是要多加考虑的。毕竟选错了时机，多数股票都不会有好的表现。

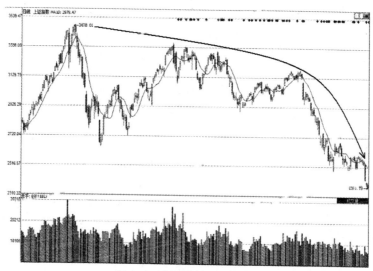

图1-5 上证指数日 K 线图

三、短线流动性风险

短线投资注重的就是买入强势股票，买入那些市场中的题材股票，但强势股票和题材股票背后很可能隐藏着巨大的交易风险。强势股票高位见顶时，散户和主力都不顾一切地抛售股票，股价即使以跌停的方式下跌也是非常有可能的。跌停的股票最大的风险就是流动性风险，如果投资者连减轻投资损失的机会都没有，那么就只能等待以后低位割肉或者是深度套牢了。可能造成跌停的原因不仅是股价的过度上涨，还可能是主力违反交易所的相关规定，并恶意拉升股价。当然也可能是上市公司相关管理人员内幕交易，使股票遭到连续长时间停牌的处理。一旦事情水落石出，股票开盘后即可能在巨大的抛售压力下连续以"一"字跌停的方式狂跌不止。这时候，短线投资者想卖出股票也得等待股价打开跌停板之后再出手了。

流动性风险还存在于涨停的股票中。市场中很多涨停的龙头股票，都具有连续涨停的潜力，如果能够在第一时间抢到这样的股票，那么极有可能在短短几天内获得暴利。但是短线投资者中很少有人这么幸运，巨大的买盘拖着股价涨停，恐怕真正可以大涨的股票，投资者是买不到的。错失买入涨停股，即使没有造成损失，也会影响投资者的心态。

如图1-6所示，从华夏银行的日 K 线图中可以看出，该股在下跌前还出现了一根大阳线上涨的 K 线形态。但是之后该股就以开盘"一"字跌停的方式破位下跌。如此一来，投资者在前一日买入一定会损失得很惨。从图中可以看出，该股在开盘跌停后，第二天又几乎跌停了。像华夏银行这样的股票，本来平时上涨的幅度就非常小，股价跌停后更不知道何时能够涨回到买入的价位。短线投资者要么变成长线投资者，等待股价自然上涨之后解套，要么只能甘愿亏损低价卖出股票了。

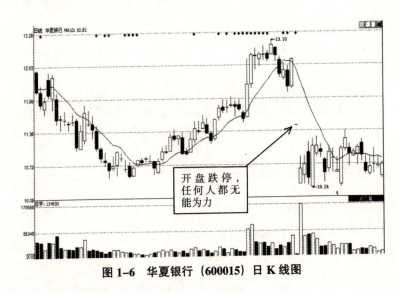

图 1-6　华夏银行（600015）日 K 线图

从这个例子可以看出，一般情况下流动性风险是很小的，一旦市场开始大幅度下跌，遇到连续的跌停板就很麻烦了。

四、涨停股下跌风险

短线投资者追涨盘中涨停的股票，最大的风险还是股价下跌的风险。投资者买入那些没有任何涨幅的股票，理论上股价当日下跌的幅度最大也不超过 10%，但是涨停的股票就不一样了。即使股票在收盘的时候与前一天的收盘价格相同，但是短线投资者追涨买在了涨停板上，那么也就相当于买入了一只跌停的股票。可见进入涨停板的股票，隐藏的巨大下跌风险不容忽视。虽然涨停的股票不容易在收盘的时候形成这种下跌情况，但是投资者也应该谨慎操作。若损失 10% 的资金以后，想要补上亏损的窟窿，就只能多赚取 1.1% 的资金才能回到初始资金。短线投资者与其说争取多赚钱，倒不如说少赔钱，保住应有的利润，这才是真正取得投资收益的有效手段。

如图 1-7 所示，从云南旅游的分时图中可以看出，该股尾盘快速涨停，之后股价震荡回调。短线投资者是喜欢追涨强势股票的，但如果像追涨其他强势股票一样买入这只股票，那就会出现大幅亏损。从图中可以看出，该股在收盘时仅有 7% 的涨幅，相比涨停板已经下跌了 3%。买在高位的投资者，很显然瞬间就会被套牢。在"T+1"的交易制度下，投资者在当天是不可能解套的。如果该股在第二天再来个低开低走的趋势，亏损就会进一步放大。

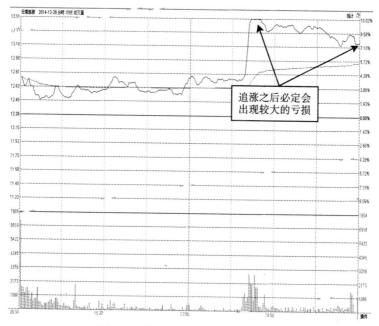

图 1-7 云南旅游（600167）分时图

市场是变幻莫测的，如图 1-8 所示，云南旅游在当日涨停下跌后，第二天低开低走再次下跌 3%。对于这样的股票，短线投资者卖出的时间越早，损失越小。随后该股的下跌过程又持续了一周多才止住就说明了这个问题。

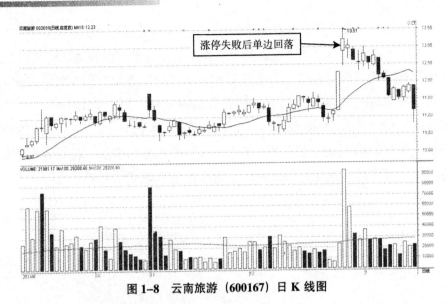

图 1-8　云南旅游（600167）日 K 线图

第二章　短线工具使用指南

第一节　分时线与分时量

一、分时线与分时量的定义

分时线：每分钟最后一笔成交价的连线称为分时线。分时线图中通常还有一条黄色的线，称为均价线。均价是从开盘到某一时间内总成交金额与总成交股数的比值，将连续得出的比值连接成一条线就是均价线。

分时量：在当日交易时间内，每一个时间段内出现的交易量。例如，根据5分钟、30分钟、60分钟等时间段，分时量就是在这些时间段内发生交易的成交量的大小。

如图2-1所示，从粤水电在2015年3月30日股价的走势分时图中，可以看出图中下方所示的分时量和上方的股票价格走势的分时线，以及表示股票平均价格走势的均价线。

二、分时线与分时量的用法

分时图中分时线和分时量的用法也就是股价和成交量的用法，众所周知，股价的变化一定是在成交量的作用下完成的，单独分析股价或者成交量是没有意义的，所以应该从量价变化中寻找其中的关系，找到合适的买卖价位。

在每天股市开盘的集合竞价期间，不是每一个投资者都参与其中的，少

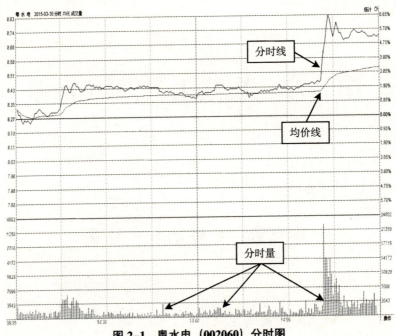

图 2-1 粤水电（002060）分时图

数资金庞大的机构很可能会对集合竞价产生的开盘价格产生巨大的影响。被大资金控制的集合竞价很可能以跳空大涨或者跳空大跌开盘，并且在开盘的半小时内得以延续，但是一定会在一个小时内被修正过来。因此开盘后一个小时内是多空双方争夺最为激烈的时候，也是价格最不稳定的时候。投资者可以参考开盘后一小时的价格和开盘价格、开盘最高或者最低价格来判断当日股价的趋势。开盘价格是易于控制的，且开盘后一个小时内的最高价格或者最低价格基本可以相对准确地反映多空双方的力量大小。开盘后一个小时的价格即十点半时对应的股票价格，最能够反映多空双方的力量对比。由此，我们可以从以下三个步骤来确定当日股价的运行趋势。

首先，确定十点半股价相对于开盘价格的涨跌情况。因为开盘价格极易受到大资金的控制，所以很多时候开盘价格的涨跌并不能真正反映市场的趋势，而十点半对应的股价是开盘后一个小时的价格，也是多空双方在开盘后一个小时内争夺之后确定下来的价格，基本上可以反映股价的涨跌方向（或者说十点半的股价是对开盘价格的调整）。通过对比两个不同时刻股价价位的高低，可以使投资者对股价的运行趋势有一个基本的认识。

若十点半对应的股价高于开盘价格，那么股价基本的运行方向是向上的（原因是既然十点半的股价比开盘价格高，说明开盘价格没有真正地反映股价多方力量，事实上多方的力量更加强大些，使开盘价格向上调整了一些）；若十点半对应的股价低于开盘价格，那么股价基本的运行方向是向下的；若十点半对应的股价与开盘价格相差不多，那么一般可以认为市场多空双方的力量相差不多，当日股价的真正运行方向需等待进一步地确认。

其次，连接开盘价格和十点半对应的股价，趋势向上的时候连接最高价和十点半对应的股价；趋势向下的时候，连接最低价和十点半对应的股价。如图 2-2 所示，A 线为趋势上涨的支撑线，B 线为趋势下跌的压力线。如图 2-3 所示，A 线为趋势下跌的压力线，B 线为趋势上涨的支撑线。

最后，通过支撑线和压力线来判断股价的涨跌方向。

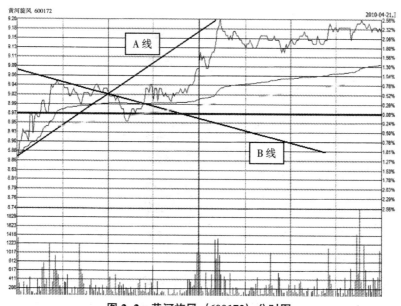

图 2-2　黄河旋风（600172）分时图

1. 开盘后最佳买点

若开盘后投资者首先判断出股价的方向是向上的，然后在股价站稳于支撑线之上，并且有效地突破压力线后可以买入股票。当然股价如果仅仅是站在了支撑线之上，并没有突破压力线，只能说明大的趋势是向上的，但上涨的动力不是很足。

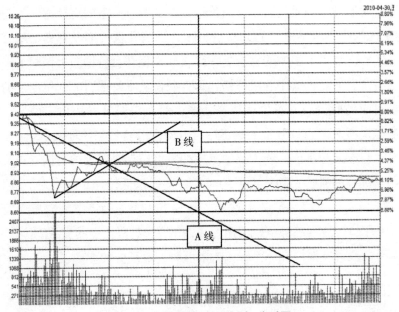

图 2-3　大恒科技（600288）分时图

如图 2-4 所示，卧龙地产的分时图中，从 2010 年 8 月 11 日十点半时的股价高于开盘价格看，可以判断出趋势基本是向上的。这样就有支撑线 A 线

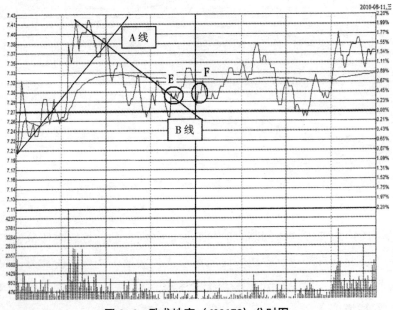

图 2-4　卧龙地产（600173）分时图

和压力线 B 线。既然趋势是向上的，那么投资者可以在盘中选择恰当的位置买入股票。股价在压力线的强大阻力下缓慢向下移动，但是在图中的 E 位置出现了明显的突破，此时投资者就可以买入股票了。当然，保守一点的投资者也可以选择在图中的 F 位置买入股票。因为股价在 F 点再一次确认了趋势的方向，此时投资者买入股票是比较安全的。

如图 2-5 所示，从中国国贸的分时图中可以看出，同样的买卖点位置出现在了股价突破压力线 B 线的时候，并且获得支撑后股价开始出现反转的走势。图中的 G 位置是投资者买入股票的极好时机。

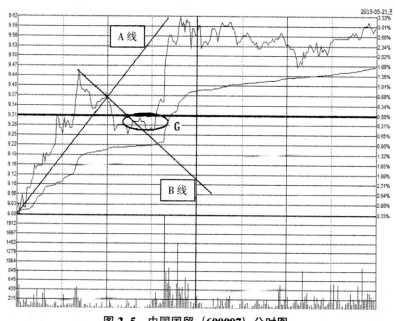

图 2-5 中国国贸（600007）分时图

2. 开盘后最佳卖点

若开盘后判断股价的方向是向下的，投资者可以选择在股价上涨到压力线时卖出股票。一般在投资者判断股价的趋势向下时，当日股价的变化就基本确定了。投资者将股票卖在股价反弹到压力线附近时，收益还是比较不错的。

如图 2-6 所示，歌华有线的分时图显示，2010 年 5 月 11 日股票开盘后一小时对应的股价明显低于开盘价格，这样基本的判断是当日股价的运行趋势是向下的。在画出支撑线 B 线和压力线 A 线之后，股价一路走低，支撑线 B 线根本没有起到应有的支撑作用，这样投资者卖出股票的时间越早越好。盘中股价在开盘后短时间的向上调整后，就沿着压力线 A 线的方向不断地下跌了，并且在尾盘还一度出现跳水的走势。

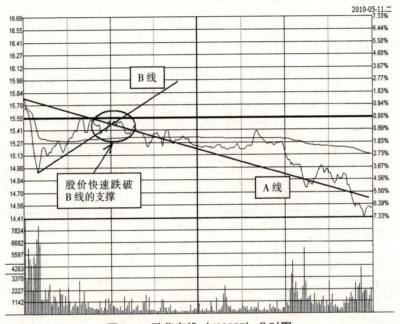

图 2-6　歌华有线（600037）分时图

　　如图 2-7 所示，从葛洲坝的分时图中可以看出，2010 年 3 月 4 日十点半时的股价与开盘价格相差并不多，但是考虑到股价上涨到最高价格时持续时间并不长，而下跌到最低价格时持续的时间相对较长，所以认为趋势还是向下的。投资者可以在盘中适当的位置卖出股票。图中的 B 线由最低价和十点半时的价位连接而成。

　　盘中股价在支撑线 B 线的作用下不断地上行，但是不久支撑线就失去了应有的支撑作用，股价开始下跌，这时图中就出现了"第一卖点"。在第一卖点出现后，如果投资者仍然没有卖出手中的股票，那么可以选择在图中的"第二卖点"出货。A、B 这两条线中，B 线是起到支撑作用的，跌破之后卖出股票理所当然。而 A 线在开盘的时候起到了阻力的作用，盘中股价沿着 A 线不断地下跌，证明趋势与 A 线的方向是相同的，投资者更应该卖出手中的股票。

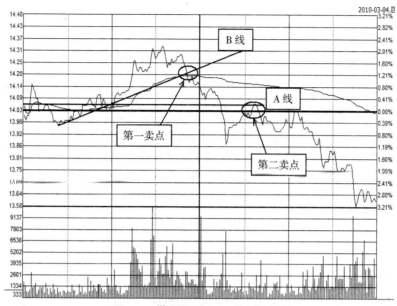

图 2-7　葛洲坝（600068）分时图

3. 尾盘最佳买点

如图 2-8 所示，海泰发展尾盘突破均价线后出现最佳买点。股价在 2009 年 2 月 12 日开盘后先是冲高，然后又回落下来，盘中股价在均价线之下盘旋整理。在当天临近收盘的时候，股价稍微放量就站在了均价线之上，而后股价在均价线之上的强势整理，正是投资者买入股票的大好时机。

如图 2-9 所示，林海股份尾盘回调后在均价线以上出现"V"形反转的买点。该股在 2010 年 7 月 23 日开盘走弱后，立刻被拉升起来。盘中股票缩量上涨无力后，股价冲高回落到均价线附近。经过短时间下跌到均价线附近，出现了一个明显的"V"形反转走势。比较合适的买入点是股价在均价线之上横盘的位置，并且这时买入也最为安全，因为股价在确认之后不会轻易地出现回调的风险。

如图 2-10 所示，国金证券在均价线底部出现"V"形反转走势。2010 年 7 月 2 日国金证券开盘后，股价一度冲高上涨，临近中午收盘时却出现了回落的走势。当日下午开盘后，该股开始加速下跌，到临近收盘前的半小时，股价出现了非常明显的放量"V"形反转的走势。既然下跌又跌不下去，股价被放量拉升回来，那么后市股价上涨的空间就比较大了。

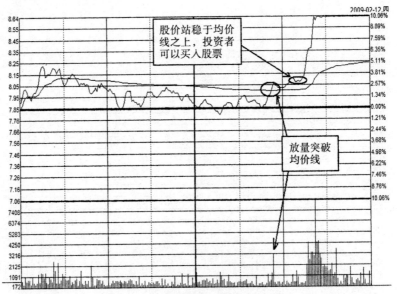

图 2-8　海泰发展（600082）分时图

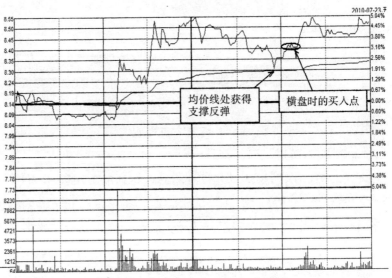

图 2-9　林海股份（600099）分时图

在判断股价的上涨力度时，均价线可以作为一个较好的度量标准。大幅度下跌后站稳于均价线之上，证明多方的力量还是比较强大的，投资者可以在途中回调的位置放心追涨。

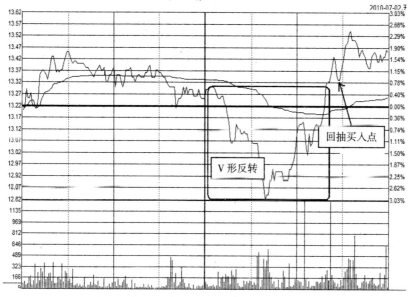

图 2-10 国金证券（600109）分时图

第二节 大压单与大托单

一、大压单

大压单就是主力出于自身控盘的需要，使用大量的资金将股价压低在一个比较低的位置，便于主力买入大量廉价筹码或者是完成洗盘的动作。

主力使用大压单打压股价的，原因无非以下四种情况：

1. 主力建仓的需要

未完成建仓前，主力每一次的拉升股价都会使建仓成本增加许多。出于抢购廉价筹码的需要，主力会不惜重金做出大抛盘的迹象，欺骗散户卖出股票。这样的情况如果出现在牛市的初期是十分起作用的。熊市刚刚过去，牛市雏形初步形成的时候，很多投资者的思维还处在熊市中，见到反弹的高位就想到出货了结头寸。投资者一旦卖出股票，就相当于帮助主力完成了建仓的动作。

也许会有人说，主力大压单会不会是真的出货了呢？当然，这种可能性也是有的。但是在市场上升的趋势中，这种现象出现的概率是非常小的。即使主力想要出货，也会在不知不觉中完成，使用大压单出货显然是不利于主力高位做空的。大单出货也只限于市场突然大跌或者是主力获利丰厚时，才会成为其出货的手法。

2. 主力调仓换手的需要

主力和关联的账户之间约好了卖出股票的手数和价格，在约定的价位上卖出大量的股票。在这种情况下卖出的股票，散户一般是没有希望接到的，因为主力卖出股票的时间和手数是事先约定好的，一旦卖出的大单出现，就会被主力的关联账户接收，是不会等待投资者来抢购的。

如图 2-11 所示，从运盛实业的日 K 线图可以看出，该股在 2010 年 8 月 17 日出现了小幅下跌的走势，当天股价下跌了 1.71%。均笔成交量虽然已经下跌，但是股价还在高位运行。考虑到该股的利润在年初已经出现了亏损的状态，股价经过大幅度的上涨之后，主力出货也是很正常的。

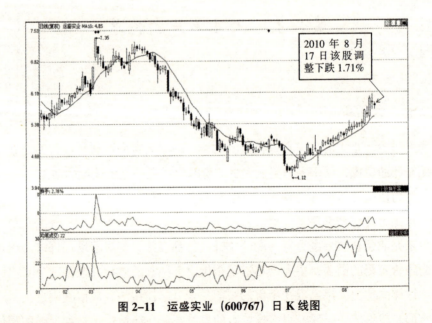

图 2-11　运盛实业（600767）日 K 线图

如图 2-12 所示，可以看出运盛实业 2010 年 8 月 17 日交易的笔数中，在 10：04 出现了 7808 手的大压单，与当时的 20 手、113 手甚至与 168 手、482 手相比算是非常大的单子了。短时间内交易笔数放大了将近 20 倍以上，显然散户是不会拿出这样的大单打压的，即使不是主力的出货行为，后市该股的上涨幅度也是值得怀疑的。

10:03	5.76	7 ↓	1
10:03	5.76	30 ↓	1
10:04	5.76	67 ↓	1
10:04	5.76	50 ↓	1
10:04	5.76	162 ↓	1
10:04	5.76	184 ↓	1
10:04	5.76	21 ↓	1
10:04	5.70	7808 ↓	1
10:04	5.70	20 ↑	1
10:04	5.77	113 ↑	1
10:04	5.76	5 ↑	1
10:04	5.75	63 ↓	1
10:04	5.69	168 ↓	1
10:05	5.70	80 ↑	1
10:05	5.70	62 ↑	1
10:05	5.70	38 ↑	1
10:05	5.70	341 ↑	1
10:05	5.70	13 ↑	1
10:05	5.70	55 ↓	1
10:05	5.70	35 ↓	1
10:05	5.70	482 ↓	1
10:05	5.71	163 ↑	1
10:05	5.73	17 ↑	1
10:05	5.71	10 ↓	1

图 2-12 运盛实业（600767）2010 年 8 月 17 日的部分交易笔数

3. 主力洗盘的需要

指数在上涨的初期出现任何的调整走势，都会成为主力大单打压股价的机会。主力即使已经持有了足够多的流通筹码，但是借助指数调整的机会来洗盘还是非常有必要的。主力利用大单打压洗盘时，通常股价即使破位下跌也会很快企稳。因为主力只是想洗盘而已，不可能使股价下跌到自己建仓的成本区域。主力通过洗盘，不仅抬高了投资者的持仓成本，而且可以借机再买入部分廉价的筹码。

4. 主力做盘的需要

通过大单打压股价，主力可以在第二天的开盘就放量拉升股价，吸引投资者的眼球，有利于主力接下来的拉升。主力为了拉升股价可谓煞费苦心，打压之后为第二天低开放量拉升蓄势，这样股价就会被轻易地拉升到涨停板了。开盘即站上涨停板的股票，无疑会吸引众多投资者的眼球。

如图 2-13 所示，鲁商置业的分时图显示，2015 年 6 月 25 日盘中该股在横盘整理中突然放量涨停。盘中午后主力放量出货后，股价尾盘大幅杀跌。放量拉升显然是主力所为，而午后放量出货则是主力利用价格高位运行的机会卖出股票。该股尾盘出现高位跳水的走势。

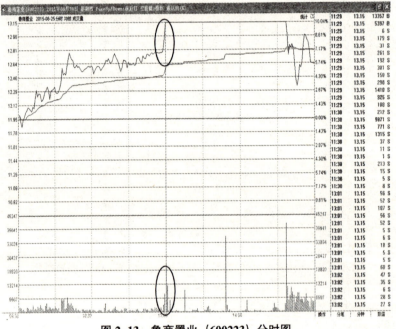

图 2-13　鲁商置业（600223）分时图

如图 2-14 所示，在鲁商置业的部分交易笔数中，可以明显地看出在 11：29 出现了 13357 手的买入大单，买入的价位为 13.15 元。这表明，主力拉升股价的意图非常明显。但是动用的资金不多，该股就已经涨停。

在接下来的 11：30 出现了 9871 手的大压单，并且以 13.15 元成交。显然 9871 手出现以后，价格很难高位运行。主力做空意图明显，股价很难维持在涨停板价位。特别是如果资金继续出逃的时候，该股将会出现调

11:29	13.15	13357	B
11:29	13.15	5397	B
11:29	13.15	6	S
11:29	13.15	179	S
11:29	13.15	31	S
11:29	13.15	261	S
11:29	13.15	192	S
11:29	13.15	301	S
11:29	13.15	158	S
11:29	13.15	290	S
11:29	13.15	1410	S
11:29	13.15	925	S
11:29	13.15	180	S
11:30	13.15	212	S
11:30	13.15	9871	S
11:30	13.15	771	S
11:30	13.15	1315	S
11:30	13.15	37	S
11:30	13.15	11	S
11:30	13.15	1	S
11:30	13.15	213	S

图 2-14　鲁商置业（600223）2015 年 6 月 25 日分时图部分交易笔数

整走势。

事实上，尾盘股价跳水，便是主力出货的信号了。主力在盘中大单拉升股价涨停，是做盘需要，为了吸引投资者买入股票，方便主力投资者在涨停价位出货。

二、大托单

大托单也是主力根据自己做盘的需要，用大量的资金把股价托在某一价位之上，给投资者一种主力大单护盘的感觉。

之所以要做出大托单，主力一般有以下三种考虑：

1. 主力不希望股价破位下跌

当股价接近主力的持仓成本时，主力会尽力控制股价下跌的幅度，使自己手中的筹码不至于出现浮亏的现象。有时市场转暖，主力在短时间内加仓买入股票，也会出现大托单。这时候出现的大托单，通常意味着股票会是以后的一只大牛股。

2010 年 3 月 26 日是中航重机限售股上市的日期。限售股上市之后，一般都会被投资者抛售，但这个时候也正是主力建仓之时。如图 2-15 所示，该股的分时图显示，限售股在被抛售之后，股价跳空下跌开盘，收盘一度跌停。但是在大量换手和大托单的拉升下，股价反弹上涨达到3%以上。

这时候出现的大托单显然是主力建仓的结果，虽然是限售股上市，但是不妨碍主力看多后市。在跌停时将跌停板打开，主力显然已选择好了建仓的时机，即恰好在底部形成了建仓完成股价底部的构建，后市该股看涨。

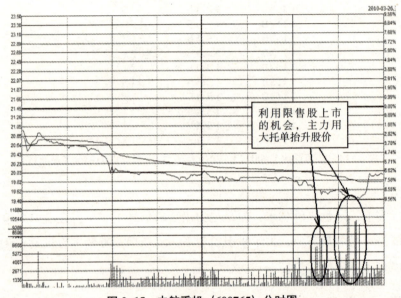

图 2-15　中航重机（600765）分时图

如图 2-16 所示，中航重机的日 K 线图中，该股在放量下跌打开跌停板后，主力随之完成了建仓过程，之后股价的上涨幅度高达35%。虽然涨幅并未达到大牛股的涨幅，但是结合当时的市场状况，上涨幅度已经很可观了。

2. 主力被套牢后的自救行为

主力虽然资金庞大，研究人员众多，操盘手法过硬，但是也会有失足的时候。主力一旦出现了浮亏，可能就会使用资金优势疯狂地自救，这时候出现的大托单就不足为奇了。主力的这种自救行为一般持续时间短暂，股价只是在短时间内上涨，投资不应过分追高。

3. 股价进入估值合理的价位，或者被严重低估了

主力眼中的目标股票已经下跌到了合理的价位，再次破位下跌反而不利

图 2-16 中航重机（600765）日 K 线图

于主力操作股票，这时候拉升的大单就会随之出现。不断下跌的股价达到物有所值的时候，同时由于指数上涨的配合，主力就可以放开手脚大单托起股价，而不必担心股价会再跌回来。

如图 2-17 所示，建发股份的分时图显示，该股在 2010 年 8 月 17 日出现了一笔高达 32004 手的大托单，股价瞬时被拉升上涨高达 1.63%。与当天成交的一般交易手数相比，这突然出现的 32004 手的大托单显然不是一般散户买入的股票，主力用大量的资金瞬间完成了底部建仓的动作。

如图 2-18 所示，建发股份当时的交易成交量图显示，2010 年 8 月 17 日 11∶01 出现了 32004 手的大托单，股价瞬间被从 7.38 元拉升到了 7.45 元。

如图 2-19 所示，建发股份的日 K 线图中，公积金转增股本后，股价除权到了 6 元附近。虽然是除权价格，但是已经到了主力认为的合理价位，建仓并且拉升股价就成了主力的主要目的。同时对比当时市场的个股走势，该股的上涨幅度还不算大，后市有望突破上方阻力大幅上涨。

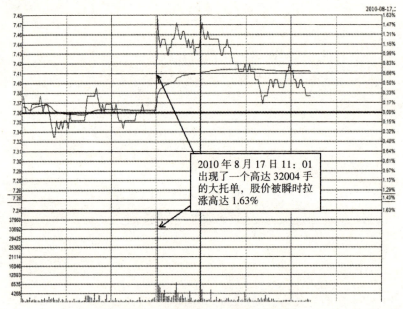

图 2-17　建发股份（600153）分时图

11:00	7.37	116 ↑	1
11:00	7.37	12 ↓	1
11:00	7.37	58 ↓	1
11:00	7.37	44 ↓	1
11:00	7.37	2 ↓	1
11:00	7.37	167 ↓	1
11:00	7.37	139 ↓	1
11:00	7.37	35 ↓	1
11:00	7.37	68 ↓	1
11:01	7.38	62 ↑	1
11:01	7.45	32004 ↑	1
11:01	7.45	3 ↓	1
11:01	7.38	44 ↓	1
11:01	7.38	55 ↓	1
11:01	7.41	68 ↑	1
11:01	7.41	28 ↓	1
11:01	7.46	3401 ↑	1
11:01	7.45	160 ↑	1
11:01	7.46	5146 ↑	1
11:01	7.43	181 ↓	1
11:01	7.48	850 ↑	1
11:02	7.47	362 ↑	1
11:02	7.47	612 ↑	1
11:02	7.47	216 ↑	1
11:02	7.47	966 ↑	1
11:02	7.46	869 ↓	1
11:02	7.46	834 ↑	1

图 2-18　建发股份（600153）2010 年 8 月 17 日的部分交易笔数

图 2-19　建发股份（600153）日 K 线图

第三节　均笔成交量

一、均笔成交量的定义

均笔成交量是股票总的成交数量除以成交所用的笔数。均笔成交量越大，投资者每一笔购买的股票数量越多，投资者的资金实力就越强大。均笔成交量在评价主力的资金实力，寻找那些实力强的庄家方面发挥着重要作用。因为在股票市场中，散户的数量虽然庞大，但是资金实力根本不能和主力相比较。散户每次买卖股票的数量也就是几百股，一般最多的也不过上千股。而主力资金庞大，不管是建仓一只股票还是拉升出货都需要大量的资金参与其中，几百股或者是几千股的买卖股票，基本上不可能发生在主力的身上。因为那样买卖股票的成本高，也浪费了主力大量的操盘时间。主力达到控盘某一只股票时，必须掌握 30% 以上的流通筹码，而市值比较小的股票流通盘也要达到亿元以上的程度，大的流通盘通常要至少耗费主力数亿元的资金来建仓。即使假设主力用 1 亿元的资金建仓一只股价为 10 元的股票，每次买入 2000 股也需要 500 多次才能够顺利地完成交易过程。这么频繁的交易一定不会是主力的作风。

从均笔成交量上看，主力在建仓、出货的时候进出市场的资金量是非常大的，这时候必然伴随着均笔成交量相应地增大。尤其是在股价位于历史低位的时候，均笔成交量的放大恰好说明主力在趁机低位吸货。但是即将见顶的股价出现连续放大的均笔成交量时却并非好事，虽然这也说明主力进出市场的资金比较多，但相比建仓而言这一次主力开始出货了。

二、均笔成交量的经典实例

如图 2-20 所示，成飞集成在 2010 年 5 月 14 日配股和转增股票之后，股价除权到了 10 元附近，并且最低下跌到了 5 月 21 日的 8.45 元。股价的下跌反而为主力不断地建仓和拉升股价创造了条件。从图中的均笔成交量上可看出，在除权之前均笔成交量并未有放大的迹象，基本维持在 13 手上下。在除权之后均笔成交量呈现出相对高位运行的状况，股价在这时也呈现强势上涨，显然是主力有所动作才有这样的量价联动现象。对于这样不温不火地维持强势放量上涨的股票投资者应该更多地给予关注，一旦股价开始启动上涨的行情，那么后市的涨幅一定是非常可观的。

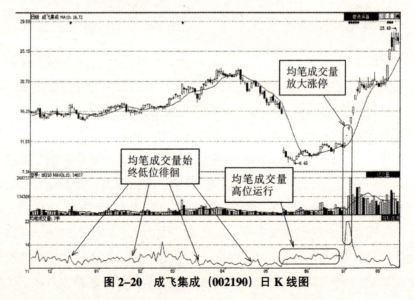

图 2-20 成飞集成（002190）日 K 线图

图 2-20 中该股在 2010 年 7 月 6 日开始爆发连续涨停的行情。伴随着股价的涨停，均笔成交量显示出突发性的放大特征。从图中可以看出，股价在启动后的 3~4 天中，均笔成交量从不足 13 手附近迅速提高到了最高 22 手，显然增加的均笔成交量不是散户所为。既然主力已经开始动手拉升股价，那么投资者就没有必要再观望了。立刻建仓等待主力拉升是投资者最为明智的选择。

做短线的投资者在看到均笔成交量放大之后建仓，在后市至少可以有 60% 以上的获利。

如图 2-21 所示，大龙地产在上涨到高位之后，股价同样出现了见顶后跳水的行情。该股股价从最高的 22.60 元附近一路下跌到了最低价格 8.41 元，跌幅高达 62.8%。这么大的跌幅，投资者如何才能够在恰当的时候预知并且提前出货呢？那就要看主力的出货动向了，等主力出货时投资者要跟上其出货的步伐才能够避免损失。

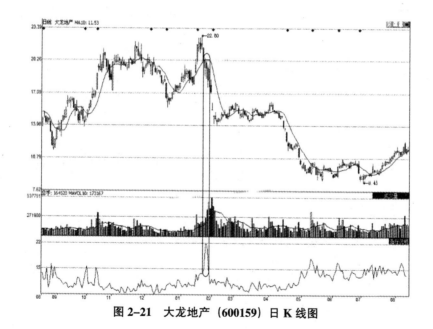

图 2-21　大龙地产（600159）日 K 线图

在本例中，投资者想要发现主力的真正动向，就要看均笔成交量的变化。图中显示出主力在疯狂出货的过程中，均笔成交量出现了一个短时间持续放大的峰值。每一笔的均量从不足 15 手迅速地膨胀到了最高 22 手。结合股价高位跳水的走势，投资者很容易就能够判断出主力出货的动作。当主力完成出货后，均笔成交量在短时间内快速萎缩了，但是股价却以跌停的方式继续着破位的走势。主力出逃之后，股价的下跌再也没有什么阻力可言，那么跌停也是在所难免的。

如图 2-22 所示，图中显示了福田汽车的主力在建仓阶段的均笔成交量变化。在股价处于底部的时候，投资者可以明显地看出均笔成交量呈现出的连续放大现象。均笔成交量的连续放大与当时处于历史低位的股票价位形成了非常鲜明的对比。之所以出现这种情况，是因为主力非常看好该股的估值，并且对后市的前景充满了乐观的期待，这样才在股价处于低位的时候肆无忌惮地买入廉价筹码。

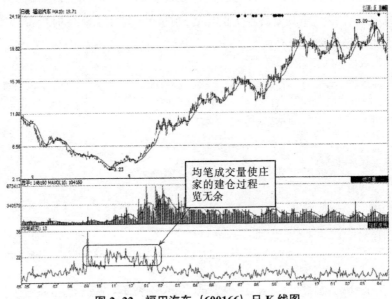

图 2-22　福田汽车（600166）日 K 线图

虽然均笔成交量显示出主力有意大肆做多，投资者也不应该置之不理，这时候与主力一起买入股票完成建仓是个不错的选择。如果投资者买入了股票，就会发现自己买入股票的价格已经非常接近历史低价，后市股价的涨幅惊人。

图 2-22 中显示的均笔成交量在股价历史底部放量的时候，主力完成了大部分筹码的配制。在以后股价的上涨过程中，即使是缩小的均量线也能够

持续地拉升股价，说明主力控盘的力度还是比较大的。

如图 2-23 所示，美都控股的日 K 线图显示，除权之后股价处于持续不断地下跌中，而这时均笔成交量线表现得却非常抢眼。连续出现三次陡然放大的均笔成交量给平淡无奇的市场添加了一分亮色。图中显示的均笔成交量三次分别达到 27 手、27 手和 43 手之多，而未放量的时候，均笔成交量才只有 16 手左右。显然连续出现的三次放量是由于主力在股价大幅下挫时的建仓所致。而股价在除权后由 6 元附近下跌到了最低 3.43 元之后开始止跌回升并且出现非常明显的强势上涨行情。但是均笔成交量却没有显著地放大，而是随着股价的不断上涨而出现了明显的萎缩。显然主力在趁机吸货之后，拉升的动作全部交给了散户。主力只要在一旁维持股价即可获得稳定的收益了。既然是这样，短线投资者可以趁机买入股票，等待股价被散户们推高而获利。

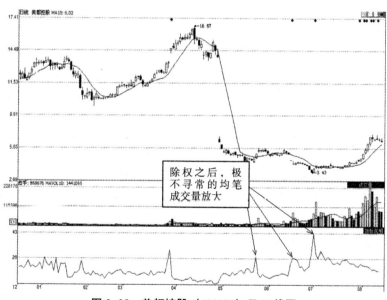

图 2-23　美都控股（600175）日 K 线图

第四节　换手率

一、换手率概述

换手率是单位时间内市场中股票转手买卖的频率，它是反映市场中投资者买卖热情高低或者说是反映市场流动性强弱的指标。

换手率高说明投资者踊跃参与股票交易，股价很容易在资金追捧下放量大涨；相反，换手率低的股票，交投非常清淡，上涨相对不容易。

通常股价在处于低位并且受到资金追捧时，成交量和换手率会变得比较大，这是散户积极交易、主力踊跃建仓的结果。成交量和换手率越大，说明主力趁机建仓的力度越大，后市股价的上涨幅度也会越大。在很多时候，股价的上涨都是在短时间内完成的。主力利用很短暂的时间完成建仓，这时只有成交量放大还不够，换手率须维持在高位才能够充分说明主力的建仓过程在顺利地进行着，筹码从散户的手中转移到了庄家的手中。事实上，主力在短时间内放大换手率建仓某一只股票时，说明主力的看多意愿非常强烈，并且因为主力的实力强大，短时间内拉升建仓还是很容易实现的。通常主力的建仓过程和拉升动作几乎都是在拉升中一气呵成的。

与底部主力买入股票建仓时放大成交量相反，在股价见顶的时候，大量股票被主力持续不断地抛售也会造成换手率的大增。投资者在股价处于顶部的时候，看到高达百分之十几甚至百分之二十几的换手率就要小心了，主力很可能会利用股价拉升的某一次机会出货。

值得一提的是，新股上市之初的换手率是非常高的。一般新股第一天上市都会有高达30%以上的换手率，甚至还会有百分之八九十的换手率。这么高的换手率是比较正常的，说明投资者踊跃地参与炒新股。高换手率通常都是股价在上市后持续上涨的保证，在市场还算比较好的时候，新股的上涨幅度都是很可观的。

二、换手率的实战用法

短线投资者在应用换手率买卖股票的时候，可以结合均笔成交量来判断，这样判断主力的动向就比较准确了。因为不管换手率是大是小，都只能说明股票的交易活跃与否，至于是否有主力参与其中就不得而知了。只有均笔成交量同比放大的时候，才能够说明主力在大量地买卖股票，这样看换手率的高低也就有意义了。

八一钢铁（600581）在 2008 年下跌到最低价格 3.24 元时，换手率就从底部迅速地上涨上来，并且出现了近似换手率峰值的现象。与换手率同步放大的还有均笔成交量以及当时的股价。为什么偏偏在这时出现如此大的换手率和均笔成交量呢，显然是主力利用股价处于底部的机会，短时间内把建仓和拉升的动作一气呵成地完成了。如果说只有换手率的增加也许不能说明什么问题，但是均笔成交量的放大显示庄家已经开始行动了，投资者在股价上涨过程中建仓即是比较明智的选择。

从图 2-24 中可以看出，中国西电在开始上涨的初期，主力顺利完成建仓，之后股价的拉升很轻松地就完成了。图中萎缩的均笔成交量，说明主力控盘的能力还是相当厉害的，只动用少量的资金就可以使股价翻倍。该股从低点的

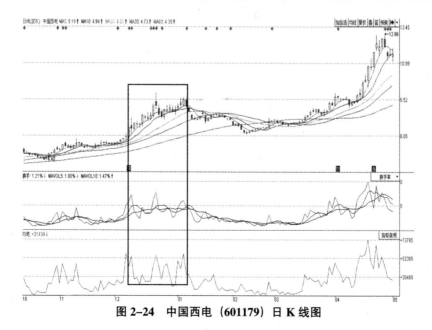

图 2-24　中国西电（601179）日 K 线图

6.3 元附近大幅度地回升到最高的 12.96 元，涨幅高达 105%。

如图 2-25 所示，卧龙电气的日 K 线图显示，主力在股价的顶部出货时，不管是换手率还是均笔成交量都出现了突然性的放大。如此的放量，主力的真正用意到底是什么呢？如果投资者看一下当时股价上涨的速度就可以清楚地知道，主力拉升股价只不过是为了掩饰自己的出货行为，放量换手出货才是其真正用意。

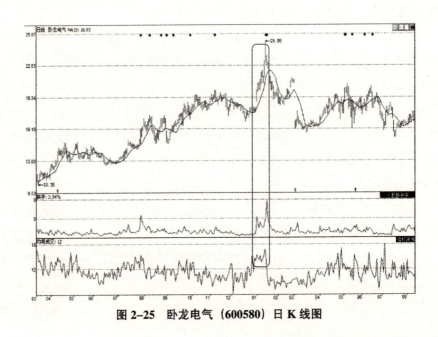

图 2-25　卧龙电气（600580）日 K 线图

高位放大换手率和成交量出货是主力的一贯做法，投资者见到这种情况一定要坚持"先走为上策"，否则高位割肉就不可避免了。

如图 2-26 所示，从熊猫烟花的日 K 线图中可以看出，该股在底部 A1 位置放大的换手率十分显眼。在这个位置日换手率动辄可以达到最高的 20% 以上。在如此高的换手率下，主力要想完成建仓还是轻而易举的，只要稍微一放量就可以达到目的了。

与 A1 位置放大的换手率一样，这个时候的 B1 位置显示的均笔成交量也经常出现猛涨的现象。既然主力的动向已经显示在了均笔成交量上，那么还有什么理由不买入该股票呢。

在熊猫烟花被拉升的前期，均笔成交量始终维持在高位运行，但是股价

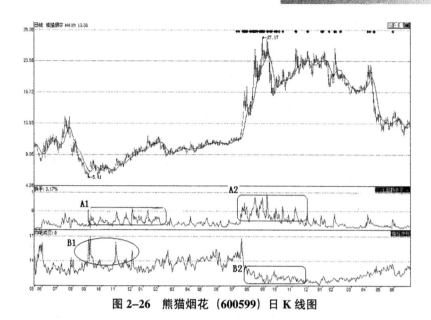

图 2-26　熊猫烟花（600599）日 K 线图

却没有任何大的涨幅，这显然是很不正常的现象。考虑到股价的上涨幅度还不算高，显然是因为主力在这个时间段内进行了洗盘和调仓，并且适当地多收集了筹码。

在股价从 19 元附近拉升到接近 28 元的过程中，图中 A2 位置显示的换手率再一次达到了历史的高位。同建仓阶段的换手率不同，这个时候的换手率在 30%~50% 运行是正常的。即使图中显示的 B2 位置的均笔成交量非常小，也不能说明主力没有出货。连续以涨停的方式被拉升的熊猫烟花，高位持股的风险之大可想而知。高位换手率正是获利盘不断地兑现利润的结果。

在这个例子中，主力在初次建仓时的积极拉升股价，拉升前的横盘整理洗盘和调仓，涨停前的迅速拉升，股价高位的宽幅震荡出货，每一个步骤都各有其明显的特色。显然整个的操盘过程都是主力经过仔细计算和评估的，否则主力也不会轻而易举地完成这么出色的控盘和拉升动作。

如图 2-27 所示，从大江股份的日 K 线图中可以看出，与其他股票相比，该股的上涨幅度并不是很大。8 月 25 日该股爆发性地涨停，在随后的两天时间内连续以"一"字方式涨停。涨停板打开之后，均笔成交量从区区 20 手猛然增加到了 80 手，再加上换手率从股价上涨前的不足 1% 大幅度增加到了 8% 以上，主力狂拉之后顺利地完成了出货。图中显示出主力出货之后，股

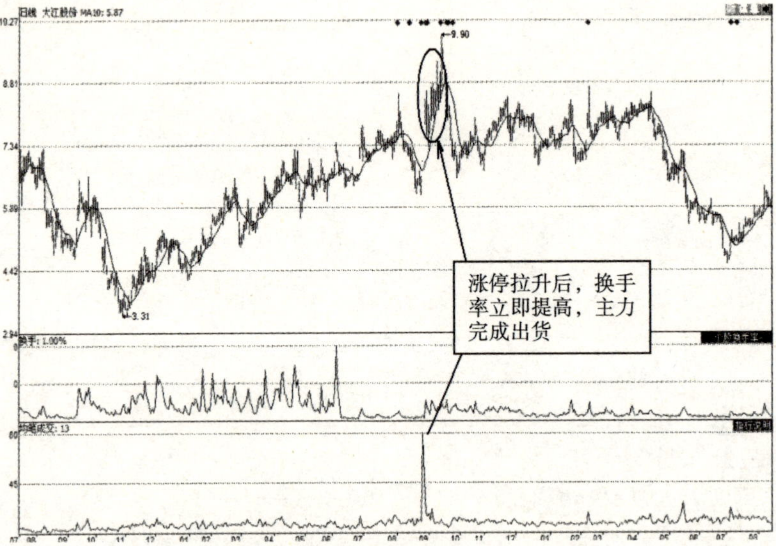

图 2-27　大江股份（600695）日 K 线图

价即开始了一蹶不振的阴跌走势。

第五节　排行榜

一、量比、委比和换手率的概念

股票的排行榜种类很多，但是常用的有量比排行榜、委比排行榜、涨跌幅排行榜、换手率排行榜等。通过分析这几个指标的变化，投资者经常可以抓住那些刚刚启动不久的大黑马，第一时间获得超额利润。首先简单介绍一下量比、委比和换手率的概念。

1. 量比

量比指的是开盘之后，平均每分钟的成交量与过去 5 个交易日平均每分钟的成交量之比。投资者可以通过量比指标衡量成交量的变化。

量比的计算公式为：量比 = 现成交总手数/(过去 5 个交易日平均每分钟的成交量 × 当日交易时间)

投资者可以通过分析量比指标，发现当日股票的成交量与最近 5 天成交量的差别，量比越大，反映出当时成交量相比前几日差别越大，市场交易更趋于活跃。量比指标反映比较活跃的股票，在上涨较好的时候有进一步上涨的潜力。投资者做短线的时候，量比指标是个不可多得的分析方式。

2. 委比

委比指标可以用来衡量到某一时刻为止，买卖双方的强弱程度。

委比的计算公式为：委比 =（委买手数 – 委卖手数)/(委买手数 + 委卖手数)×100%

该指标的取值范围为–100~100，委比值为正数时表示买盘大于卖盘，委比值为负数时表示卖盘大于买盘。极端情况是委比等于–100 或者是 100，说明只有卖盘或者是只有买盘，一般分别出现在股价跌停或者是涨停的时候。委比等于零时，说明买入和卖出的手数是相等的，多空双方力量处于近似平衡状态。

3. 换手率

换手率是单位时间内市场中股票转手买卖的频率，它是反映股票流动性强弱的指标。

是否属于热门股票，在很多时候要看股票的换手率是多大，换手率高的股票说明投资者关注的程度比较高。一般的热门板块股票，换手率都会比较高。换手率在 3%以下的股票可以被当作不够活跃的股票对待，而非常活跃的股票换手率可以达到 8%~15%，甚至 15%以上的程度。

二、量比、委比、换手率和涨跌幅排行榜

通过查看量比排行榜，投资者应该重点关注那些量比非常大的股票和严重缩量的股票，通常在短时间内出现量比指标非常大时，就是主力在大力建仓，也是投资者买入股票的最佳时机。而股价在回调时出现的缩量，属于股价上涨过程中健康地回调，同样是投资者买入股票的好机会。

投资者在应用量比排行榜时，应该注意以下四点：

（1）在连续几天出现放量或者缩量的情况下，量比指标可能并不能准确地说明成交量的实际变化。例如，某只股票在连续几天放量后，即使某一天的量比指标显示出该股是缩量的，但是相比前些天可能仍然是放量的状态，

只不过从指标上无法反映出来。同一只股票在严重缩量后出现的放量并不是真的放量状态，只能说成交量又恢复正常状态了。

（2）量比指标不能够反映出连续停牌股票的量比变化。量比指标的数值是与前5日的成交量相比较而得出的数值，若股票连续地停牌，量比指标是显示不出来的。这样就无法发挥对停牌个股的监测作用。投资者只能通过其他方式查看成交量的变化。

（3）放量异动的个股是众多投资者关注的对象，但是有效突破阻力上涨的个股也应该成为投资者关注的对象，因为这样的股票恰好在严重缩量调整时为投资者创造了买入的机会。

（4）量比指标并不能够帮助投资者寻找到那些没有异常放量，但是却能够强势上涨的股票，这时候投资者可以根据涨跌幅、委比、换手率等的排行榜寻找到那样的个股。

如图2-28所示，山东威达在下跌的过程中，突然在2015年3月2日放出高达4倍的成交量。如此高的量比即使在个股都出现短时间放量上涨的情况下，也是罕见的现象。如果投资者能够借助量比排行榜率先找到这样的股票，那么短时间内的获利一定是丰厚的。即使投资者在当时不做短线，未来在适当的时机做短线，也可以在该股上获利丰厚。

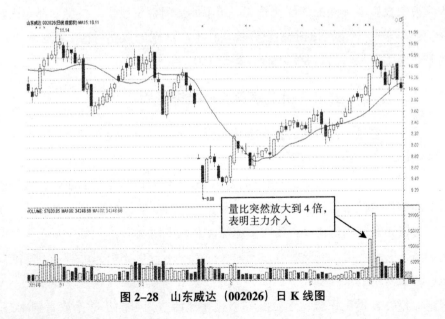

量比突然放大到4倍，表明主力介入

图2-28　山东威达（002026）日K线图

如图 2-29 所示，从山东威达的日 K 线图可以看出，在量比指数企稳后，该股是 2015 年的短线牛股。短线投资者做这样快速上涨的牛股，短线收益一定会非常丰厚。由于该股上涨所用时间并不长，投资者可以在股价见顶时将其抛售出去，换成其他强势股票继续操作即可获得更好的收益。

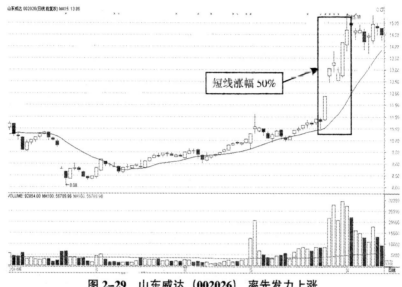

短线涨幅 50%

图 2-29　山东威达（002026）率先发力上涨

委比排行榜：委比排行榜虽然能够说明多空双方力量的强弱，但是只能反映某一刻时间双方力量的强弱状况，却不能够反映长时间内买卖双方的强弱状况。因此短线投资者只能够将其视为超短线指标使用，对稍微长一些的短线投资没有太大帮助。

换手率排行榜：换手率大小直接关系到股票交易的活跃程度。换手率非常大时，如果股价正处于底部区域，很可能是主力大举建仓，目标股票渴望在后市得到主力大幅度的拉升；如果股价已经涨到了相对高的位置，那么换手率大就需谨慎了。因为通常主力出货时换手率都是非常大的，成交量也会在同一时间内放大。

如图 2-30 所示，从 2010 年 9 月 8 日的换手率排行榜中可以看出，西藏城投以 13.09% 的高换手率排在当日上午收盘时的第三位。联环药业也以 6.27% 的高换手率排名进了前 15 位，如此高的换手率是主力出货还是建仓行为呢？投资者可以分别从这些股票日 K 线图中看出来。

	代码	名称	星级	涨幅%	现手	振幅%	换手%	涨跌	金额	均笔额
1	600175	美都控股	☆☆☆	+7.72	171 ↑	11.50	15.43	+0.51	8.60亿	62.65
2	600784	鲁银投资	☆☆☆	-0.68	29 ↓	5.50	14.39	-0.08	3.33亿	25.67
3	600773	西藏城投	☆☆☆	-1.10	27 ↑	5.02	13.09	-0.20	4.54亿	34.66
4	600259	广晟有色	☆☆	+10.01	10 ↓	9.92	12.25	+3.28	4.78亿	48.93
5	600980	北矿磁材	☆	+3.38	52 ↓	9.05	9.08	+0.88	3.11亿	23.80
6	600644	乐山电力	☆☆☆	+9.97	11 ↓	11.27	8.24	+1.15	3.31亿	25.53
7	600333	长春燃气	☆☆	+5.16	48 ↓	8.15	8.20	+0.50	1.81亿	15.00
8	600760	东安黑豹	☆☆☆	+6.73	1 ↑	10.63	7.58	+0.69	1.79亿	15.28
9	600111	包钢稀土	☆☆☆	+9.83	226 ↓	10.14	7.48	+6.01	23.83亿	173.72
10	601139	深圳燃气	☆☆☆	+3.80	3 ↑	5.62	7.20	+0.46	1.18亿	10.86
11	600295	鄂尔多斯	☆☆	+3.21	89 ↑	5.84	6.84	+0.50	2.07亿	16.59
12	600367	红星发展	☆☆	+3.99	99 ↓	6.19	6.67	+0.49	1.28亿	10.93
13	600590	泰豪科技	☆☆	+3.98	2 ↓	6.38	6.48	+0.31	4.21亿	31.92
14	600211	西藏药业	☆☆	-1.98	11 ↑	2.32	6.28	-0.29	6761.91万	6.12
15	600513	联环药业	☆☆☆☆	-3.48	21 ↓	3.40	6.27	-0.84	1.72亿	13.61
16	600745	中茵股份	☆☆	-3.22	17 ↓	3.11	5.97	-0.30	5127.37万	5.72
17	600086	东方金钰	☆☆	-1.84	20 ↑	2.94	5.97	-0.30	1.70亿	14.39
18	600335	鼎盛天工	☆	+5.57	10 ↑	7.53	5.90	+1.02	1.85亿	15.84
19	600389	江山股份	☆☆	-0.63	5 ↑	3.14	5.58	-0.07	6576.80万	7.06
20	600129	太极集团	☆☆☆	+4.76	3343 ↓	7.33	5.38	+0.50	2.48亿	20.36
21	600459	贵研铂业	☆☆	+7.39	26 ↓	5.23	5.27	+2.58	2.17亿	17.02
22	600362	江西铜业	☆☆☆	+6.76	39 ↓	9.22	5.16	+2.17	6.09亿	45.41
23	600321	国栋建设	☆☆☆	-1.07	36 ↓	4.14	5.13	-0.08	1.22亿	10.03
24	600114	东睦股份	☆☆	+3.14	30 ↓	5.89	5.05	+0.33	5809.71万	6.27
25	600262	北方股份	☆☆	-0.64	10 ↑	3.16	5.00	-0.11	5545.83万	7.26
26	600814	杭州解百	☆☆☆	+3.20	36 ↓	3.52	4.87	+0.30	1.46亿	13.38
27	600058	五矿发展	☆☆	+10.01	15 ↓	10.44	4.70	+1.83	9.88亿	72.80

图 2-30　换手率排行榜

　　如图 2-31 所示，从西藏城投的日 K 线图可以看出，在该股连续涨停四次后，在高位震荡调整时出现了 13.09% 的高换手率。在一定程度上投资者可判断这是主力的出货行为。因此对于这种高位换手率大增的个股，要尽量不去做短线，以免高位套牢。

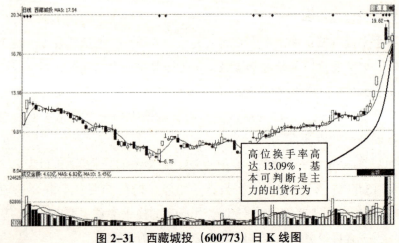

高位换手率高达 13.09%，基本可判断是主力的出货行为

图 2-31　西藏城投（600773）日 K 线图

如图 2-32 所示，联环药业在 2010 年 9 月 8 日半天的交易时间内，换手率高达 6.27%，高居换手率排行榜的第 15 位。考虑到该股已经累计上涨了 200% 以上，短线投资就不适合介入这样的股票了。

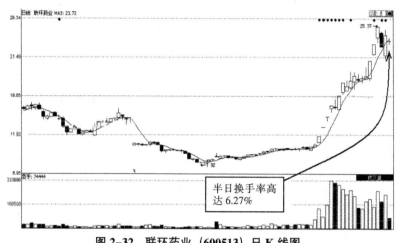

半日换手率高达 6.27%

图 2-32 联环药业（600513）日 K 线图

同样是换手率比较高排名在第 7 位的长春燃气，对于这样的股票投资者倒是可以考虑做短线。

如图 2-33 所示，长春燃气在上涨的过程中，出现了换手率放大的现象。该股的半日换手率高达 8.20%，排名为 2010 年 9 月 8 日的第 7 位。显然该股是要有所突破，换手率才开始放大的。对于这种上涨幅度并不是很大，而

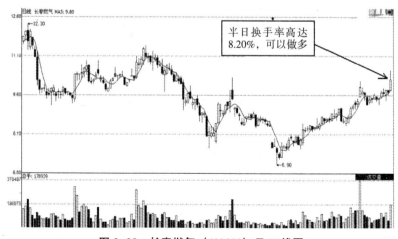

半日换手率高达 8.20%，可以做多

图 2-33 长春燃气（600333）日 K 线图

换手率较高的股票，短线投资者可以做多，持股的风险会相对比较小。

涨跌幅排行榜：涨跌幅排行榜是牛股的必经之地。许多突然爆发上涨的股票都是从涨停开始的，故涨停的个股就必然会出现在涨跌幅排行榜之中。在通常情况下，市场中最热门的股票也会扎堆出现在涨跌幅排行榜。如果在弱势的市场中，强势股票还未来得及涨停，那么投资者可以在涨跌幅排行榜中选择一些强势股票来操作，必然会获利丰厚。

如图 2-34 所示，2010 年 9 月 8 日的涨幅排行榜中，前 10 名上榜的公司中有 6 只股票都是跟稀土永磁相关的个股。这说明在当时的市场环境中，稀土永磁是非常热门的。短线投资者就是要在这样的板块中掘金，才能够跟上市场的脚步获得较好的投资收益。

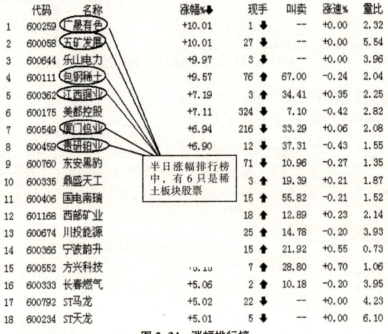

	代码	名称	涨幅%↓	现手	叫卖	涨速%	量比
1	600259	广晟有色	+10.01	1 ↓	--	+0.00	2.32
2	600058	五矿发展	+10.01	27 ↓	--	+0.00	5.54
3	600644	乐山电力	+9.97	3 ↓	--	+0.00	3.96
4	600111	包钢稀土	+9.57	76 ↑	67.00	-0.24	2.04
5	600362	江西铜业	+7.19	3 ↑	34.41	+0.35	2.25
6	600175	美都控股	+7.11	324 ↓	7.10	-0.42	2.82
7	600549	厦门钨业	+6.94	216 ↓	33.29	+0.06	2.08
8	600459	贵研铂业	+6.90	12 ↓	37.31	-0.43	1.55
9	600760	东安黑豹		71 ↓	10.96	-0.27	1.35
10	600335	鼎盛天工		3 ↑	19.39	+0.21	1.87
11	600406	国电南瑞		15 ↑	55.82	-0.21	1.52
12	601168	西部矿业		18 ↑	12.89	+0.23	2.14
13	600674	川投能源		25 ↑	14.78	-0.20	3.93
14	600366	宁波韵升		15 ↑	21.92	+0.55	0.73
15	600552	方兴科技	+0.10	7 ↑	28.80	+0.70	1.06
16	600333	长春燃气	+5.06	2 ↑	10.18	-0.20	3.95
17	600792	ST马龙	+5.02	22 ↓	--	+0.00	4.23
18	600234	ST天龙	+5.01	5 ↓	--	+0.00	6.10

半日涨幅排行榜中，有 6 只是稀土板块股票

图 2-34 涨幅排行榜

第六节　筹码分布图

一、筹码分布图的概述

筹码分布：筹码分布是投资者持股的成本分布，即某只股票流通盘中不同价位对应的投资者买入股票的数量。

成本分布可以理解为，持有上市流通股票的所有股东，把手中的股票按照买入的成本价格依次放在不同的股价上，如此一来对应不同股价就有数量不等的股票，从而形成大小不等的山峰一样的分布图。这就是投资者持有流通股票的不同价格区域的成本分布图，即筹码分布图。若投资者卖出手中的股票，那么就将其对应股价的股票数量减去，而在买方对应的买入价格上加上相应的股票数量，这样筹码分布图就可以始终反映不同股价对应的投资者的持股数量。

筹码分布图中不同股价对应的股票数量，可以用柱状图表示。一般上市公司流通盘不会发生变化，100%的流通盘必然对应着100%的流通筹码。因此其筹码分布图中的柱状线段也会随着买卖的展开而不断地进行此消彼长的调整，但总量始终维持在流通盘的大小内。

在筹码分布图中，柱状线所对应的股价表示投资者的持股成本，而柱状线的长度表示投资者持有筹码的数量。在股价不断的交易过程中，投资者买卖股票的成本随之不断地变化，筹码的分布也随之发生微妙变化。如A投资者在一个比较低的价位卖出了手中的股票，而B投资者在相同的价位买入了相同数量的该股票。那么筹码分布图就表现为比较高的A位置的筹码减少，而相对较低的B位置的筹码增加；筹码分布图中显示出A位置的柱状线长度是缩短的，而B位置的柱状线长度是加长的。

二、筹码分布图的实战用法

按照筹码集中分布的程度，筹码分布图可以有单峰密集分布形态、双峰密集分布形态、多峰密集分布形态和筹码发散分布形态。下边分别介绍这四种筹码分布形态：

1. 单峰密集分布形态

筹码集中分布在某一个价位附近很小的区域内，形成一个"山峰状"的柱状图。在密集峰的上方和下方只有零星的一些筹码，并且越是远离密集峰所在的价位，表示筹码分布的柱状线越短。

从单峰出现的位置可以分为相对高位单峰密集形态和相对低位单峰密集形态。

相对高位单峰密集形态：相对高位出现单峰密集形态，根据其对后市的影响可以有两种解释：其一，主力高位震荡洗盘，顺便吸筹等待拉升股价的机会出现；其二，主力高位换手使筹码高度集中地分布于单一的股价附近，股价一旦破位下跌，将一泻千里。

在股价涨幅过大时，出现单峰密集的筹码分布形态，其形成单峰密集形态的过程也就是主力派发出货的过程。派发的过程虽然比较缓慢，但是达到高位密集峰的形态已经是持仓成本高度集中了。大涨之后出现筹码聚集的状态，是主力大量出货的结果。一旦跌破筹码密集区域，那么今后股价的下跌空间将会是很大的。

相对低位单峰密集形态：相对低位出现单峰密集形态是主力长时间吸筹的结果。主力在底部区域限制股价的上涨，失去耐心的投资者逐渐地丧失了持股的信心，不断出售手中的股票。主力顺手牵羊买入筹码，完成建仓过程。股价在底部整理的时间越长，单峰中聚集的筹码越多，说明散户之间、散户和主力之间的股票换手越是充分，今后股价一旦放量突破筹码聚集区域，其上行空间将会是巨大的。

如图 2-35 所示，招商地产在长时间的熊市下跌中，股价并没有明显的反弹行情出现。从图右边的筹码分布上看，并没有出现密集分布的筹码聚集区域。松散的筹码分布说明该股并未出现主力收集筹码后的单峰密集筹码分布形态，后市是涨是跌还要看主力的动向如何。

如图 2-36 所示，随着指数的见底反弹，招商地产明显受到了主力的关注。

散户受到资金规模小的限制，买卖股票是不可能使股价有比较大的波动

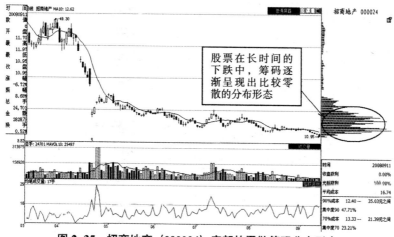

图2-35　招商地产（000024）底部的零散筹码分布形态

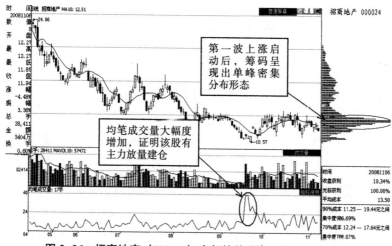

图2-36　招商地产（000024）底部的单峰密集筹码分布形态

的，只有主力才有短时间放大均笔成交量的能力。图中显示的底部突然放大的均笔成交量就是主力放量建仓的证明，当然总的成交量也在短时间内放大了许多。

　　经过近一个月的放量操作股票，主力终于完成了第一次的建仓过程。图中显示的单峰密集筹码分布就是主力建仓完毕后，股票经过不断地换手才有的形态。在这样的单峰密集分布形态中，筹码峰值上方的筹码显得非常少，说明套牢盘已经减小了许多。主力一旦放量拉升股价，就可以相对容易地拉升到目标价位。

如图 2-37 所示，招商地产经过底部的筹码零散分布，到主力拉升前的单峰密集筹码分布，最后股价上涨接近 40 元，即股价见顶前又呈现出单峰密集筹码分布形态。只不过这一次的单峰形态是在股价的半腰上，而不是出现在股价的顶部。即使这样，股价也出现了明显的下跌调整走势。

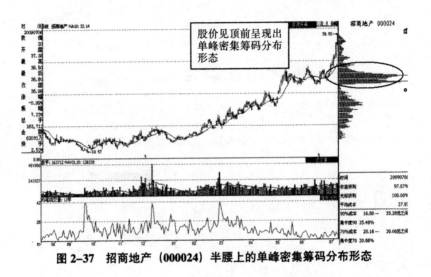

图 2-37　招商地产（000024）半腰上的单峰密集筹码分布形态

如图 2-38 所示，股价在出现第一次单峰密集形态后，快速地回落了下来。随后再次获得支撑上涨到前期高位附近时，筹码分布图为图中所标注的单峰密集形态。这一次的单峰密集形态不是出现在半腰上，而是出现在股价的顶部，筹码峰值与当时的股价处于同一价位上。这样的筹码分布形态显然是主力在顶部完成换手后才会有的。既然筹码已经在高位完成换手，那么高位出货就是主力的必然选择了。

如图 2-39 所示，招商地产在高位出现两次单峰密集筹码形态后，主力就已经顺利地完成了出货，股价随即进入疯狂的下跌中。下跌的幅度之大，是投资者难以想象的。前期上涨为投资者带来的利润，经过本轮下跌几乎减小为零。

2. 双峰密集分布形态

两个密集分布的筹码区域组成双峰密集分布形态。上下两个密集分布的筹码峰值，对股价的上涨和下跌具有明显的阻力和支撑作用。当股价运行到下方的筹码密集峰时，投资者就会买入股票，维护股价在密集峰之上运行；

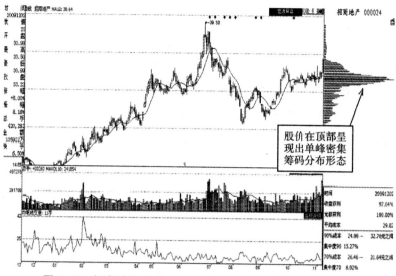

图 2-38 招商地产（000024）顶部的单峰密集筹码分布形态

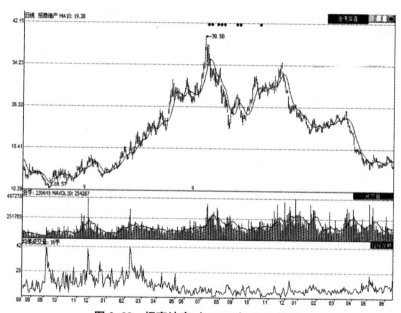

图 2-39 招商地产（000024）日 K 线图

当股价上涨到上方的密集峰时，投资者又会面临解套和获利了结的压力，而遇阻力开始回落。如果股价在上下两个密集峰之间波动的次数足够多，时间足够长，股票会在投资者之间经过充分的换手，筹码分布就会从双峰密集形态变为单峰密集形态。

　　如图 2-40 所示，武汉健民的日 K 线图中，股价经过很长一段时间的横盘整理后，筹码呈现出单峰密集形态。如此标准的单峰密集筹码分布，说明主力洗盘的效果非常好，股票经过充分的换手，一旦放量突破上方阻力，上涨的空间将会很大。之所以这样说，是因为筹码分布的峰值上方并没有套牢盘，所以不会产生抛盘压力，而下方的筹码又不是很多，获利了结的投资者也不会太多，因此可以使股价在上涨后势如破竹。

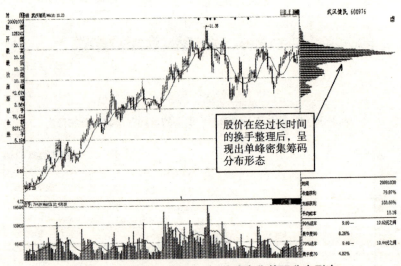

图 2-40　武汉健民（600976）单峰密集筹码分布形态

　　如图 2-41 所示，由于武汉健民这只股票的放量突破上涨，使短时间内股票的成交变得十分活跃，大量的股票在突破后的价位附近完成了交易。这样上涨前的单峰密集筹码分布形态已经被双峰密集筹码形态取代。图中显示出股价在整理区域被突破后的第一周，筹码已经近乎平均等地分布在两个筹码密集峰上了。这就是股价的双峰密集分布形态。

　　如图 2-42 所示，武汉健民的再次不断上涨过程中，虽然筹码未能像先前那样呈现出单峰密集分布形态，但是其却近乎密集地分布在高位，底部虽然还有些筹码没有换手到高位，是主力并未出货，说明股价还有一定的上涨空间。

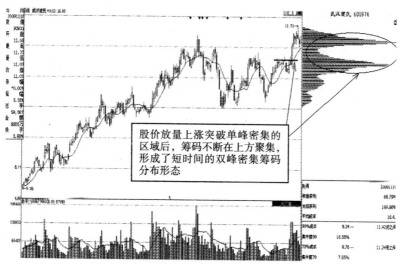

股价放量上涨突破单峰密集的区域后，筹码不断在上方聚集，形成了短时间的双峰密集筹码分布形态

图 2-41　武汉健民（600976）双峰密集筹码分布形态

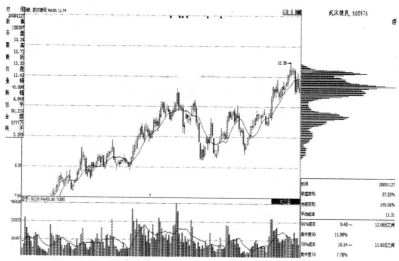

图 2-42　武汉健民（600976）近似单峰密集筹码分布形态

如图 2-43 所示，武汉健民在破位后，稍微将筹码在顶部换手就形成了近似单峰密集筹码分布形态，那么这之后图中显示的股价再次大涨也就不足为奇了。

3. 多峰密集分布形态

多峰密集分布形态是筹码密集分布在两个以上的价位区域内，形成两个以上的筹码密集分布区域。这样多峰密集的形态，经常形成于上涨或者下跌的过程中，股价的变化速度比较快，股票来不及在投资者之间进行换手就已经上涨或者下跌到了另一个价位，这样才形成多个筹码密集分布的区域。

如图 2-44 所示，中化岩土在经过两次快速上涨后，在顶部出现了反复震荡的行情。伴随着股价的不断震荡，筹码分布上出现了明显的三个密集分

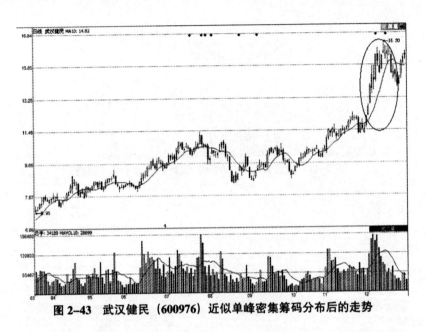

图 2-43　武汉健民（600976）近似单峰密集筹码分布后的走势

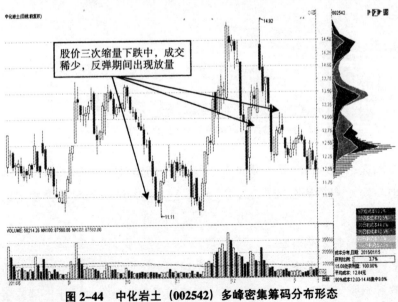

图 2-44　中化岩土（002542）多峰密集筹码分布形态

布的峰值。这是因为股价在下跌时每次都是突然出现巨大的缩量阴线，投资者还未来得及把手中的股票换手，股价就跌了下来，结果只能在低位不断整理时，完成股票的出货换手。这样在股价下跌的过程中，筹码没来得及换手，就出现了图中所示的筹码峰值之间的"波谷"地带；而在股价下跌后的整理区域，筹码进行了大量的换手，就出现了图中所示的筹码分布的峰值部分。

4. 筹码发散分布形态

顾名思义，筹码发散分布形态就是筹码没有形成任何的单一聚集峰，而是几乎平均地分布在了各个不同的价位上。基本上这样的筹码发散分布现象可以分为两种情况：第一种情况是在股价上涨过程中，持股的投资者中不断出现惜售的情况，股价每上涨一点就有惜售的投资者出现，最后造成股价上涨的每一价位上都分布着筹码。第二种情况是在股价下跌过程中，主力不断地在途中出货，使筹码在诸多的价位上发散分布。很多时候，股价在下跌的过程中出现成本发散分布的筹码，都意味着主力不顾一切地完成出货的动作，股价在后市中下跌的幅度是深不见底的。

如图 2-45 所示，开滦股份在上涨见顶时筹码分布形成了单峰密集形态。高位单峰密集证明主力顺利完成出货，等待股价的就只有最后的突破下跌了。

如图 2-46 所示，主力在顶部完成股票的换手，股价进入下跌趋势中。在股价下跌的初期，有些投资者还未能止盈或者止损。但是随着股价重心的不断下移，投资者开始注意到不断延续的下跌趋势。盈利的投资者中，有的开始止盈，而亏损的投资者见高出货，这样股票在股价下跌途中不断地换手，而在筹码分布图上就会显示出发散分布的很多筹码。只要股票下跌的速度没有出现较大的变化，即没有出现快速破位下跌或者跳空下跌的现象，筹码就可以在每个价位上都得到换手，筹码分布图中就会显示出一些发散分布的筹码。

如图 2-47 所示，开滦股份经过第一波的下跌后，又开始了第二波的下跌过程，股价一直下跌到了 12 元附近。在此期间形成的筹码分布图，仍然是一些发散的柱状图筹码，筹码没有集中在某一个价位附近。

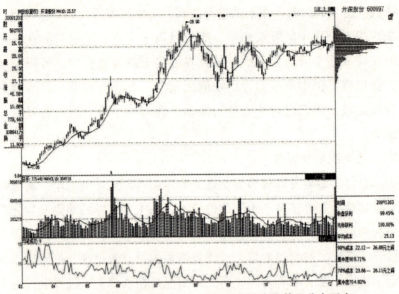

图 2-45　开滦股份（600997）顶部的单峰密集筹码分布形态

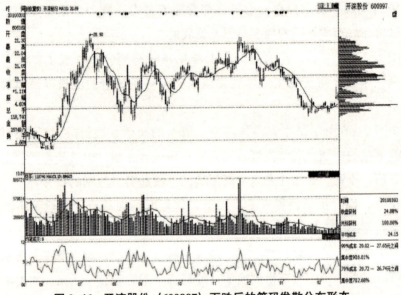

图 2-46　开滦股份（600997）下跌后的筹码发散分布形态

　　在股价下跌的过程中，曾经在 2010 年 5 月 7 日出现了跳空的缺口，股价开盘即下跌了 5.6%，并且在盘中低开低走，最终以下跌 7.03% 报收。股票的换手在跳空缺口中是不存在的，没有任何交易存在，那么在筹码分布图上就显示为筹码的"波谷"地带。除跳空缺口附近外，其他的价位都是有股票

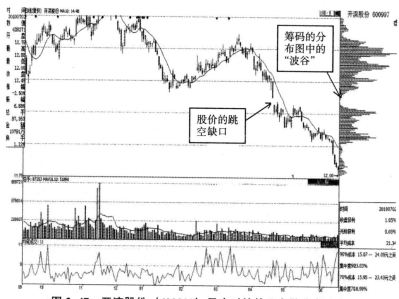

图 2-47 开滦股份（600997）见底时的筹码发散分布形态

成交的，所以才会出现发散分布的筹码。

　　值得注意的是，筹码发散分布形态是一种过渡状态，发散的筹码会随着时间的推移和股价的波动而变成双峰密集或者单峰密集的筹码分布形态。一般情况下，股价有巨大的上涨幅度必须要有单峰密集的筹码分布形态，而底部出现密集分布的筹码一般都是在主力完成建仓后。

　　在股价下跌过程中，连续发散分布的筹码是在主力和投资者不断出货时才有的，只要筹码分布没有显著的变化，股价下跌的趋势一般不会有太大的改观。等待筹码呈现出单峰密集形态时，股价再次放量突破上方的阻力，那么上涨的空间也就被打开了。

第三章　短线目标股的选择

第一节　短线选股的一般原则

做短线的依据一般是以技术分析为主，并结合当时市场的热点，来选择比较强势的股票进行投资，故短线投资持股的时间都比较短。短线投资者选择那些有业绩支撑的股票，通常可以减小投资风险。在市场走势较好时，各种各样的股票都可以被盲目地拉升，没有业绩的题材股票同样如此。鱼龙混杂的市场中如何判断究竟哪些股票是可以延续上升行情，哪些股票是"混"入涨停大军的呢？只要指数一下跌，没有业绩支撑，根本就是靠着题材被炒高的个股一定会走在下跌的最前沿。

由此可见，投资者短线持有的股票一定是有一些业绩作为支撑的个股，既有题材又有业绩支撑的个股，才不会在市场走下坡路的时候率先下跌。而在指数走势尚好的时候，这样的股票很可能就是主力要拉升的龙头股票，上涨的潜力比较大。

做短线的投资者基本上是围绕技术分析、基本面分析和热点题材来选择股票的。首先，股票的题材（或者热点）是投资者选择股票非常重要的一方面。只有选择那些处于主力炒作的热点股票，今后上涨的潜力才会比较大。不管冷门股票的业绩如何漂亮，没有主力的关注，其上涨的空间也是非常有限的。短线投资者选择股票，就是要抓住短期炒作的热点板块，买到那些龙头股票，获利的空间才会比较大。

其次，短线选股要考虑股价技术方面的问题。分析股票价格的变化情况、成交量的增减变化趋势以及指标多空指向等问题。采用技术分析方法选取的股票相对走势较好，因为技术分析注重的是股票当前的价格走势、量价关系的变化、指标多空指向等短期的问题。股价短期的上涨和下跌趋势，都可以从技术分析中发现明显的信号。

最后，短线选股还有一个基本面选股方面的问题。基本面对于长线投资者是必不可少的工具，而对于短线投资者基本面较好的股票肯定会延缓股价见顶的速度，减少股价下跌的风险。

短线选股的基本原则如下：

一、属于当前的热门题材

短线炒作最基本的选股原则首先应该是选择热点板块的股票。因为热点板块个股的交投比较活跃，并且在一定程度上有引领市场投资方向的作用，股价最宜进入上升通道中。投资者选择当时的热门题材股票，就省去了挑选牛股的时间。热门题材的股票本身就是在当时市场中受到大众认可的股票，并且多数的热门题材股票都已经进入了上升的"快车道"中。投资者介入热门股票的时间越短，今后获得的收益也就越大。已经成为市场中炒作的热点股票，股价上涨的速度会越来越快，并会在很短的时间内脱离重心。热点题材股票很大的一个好处就是，如果股价还未被真正地拉升，那么相比其他冷门股票，下跌的概率是非常小的。热门题材股票在启动的初期上涨潜力是非常大的，即使今后涨幅并不是很大，持股的风险还是相对小的。

二、股价必须有所突破

投资者判断一只股票是牛股还是熊股，只需要看股价能否突破上方的阻力，并且进入到上升的趋势中。能够成为短线牛股的股票，起始上涨阶段就已经有所突破了。在指数调整阶段，突如其来的涨停题材股票，很可能即将成为人人追捧的牛股。市场中众多的具有好题材的股票，都是在放量涨停后，以势如破竹之势开始上涨的。为什么这样说呢？因为能够上涨的牛股都是在主力资金进入后才开始放量上涨的。事实上也只有主力才有不断拉升股价的实力，散户的资金即使偶然间能够拉升股价到涨停板，涨停后也不具有延续性。散户拉升起来的股票，涨停后还会由散户自身抛售出去；而主力拉升起来的股票，涨停后主力会借机洗盘或者再度拉升到涨停板上。主力真正出货时也就是股价见顶之时，见顶的股价一定是前期有了不错的上涨空间。散户追涨拉升起来的股票，在半途中就会在止盈盘的作用下跌回原位。

三、成交量需要放大

成交量放大、股价上涨，这是最基本的量价关系，也是股价维持上升趋势所必需的条件。成交量和股价变化关系是短线选股技术分析中必须关注的要素，没有成交量的有效放大，股价能否连续上涨是非常值得怀疑的。投资者应选择那些成交量有效放大，股价顺利突破上方阻力，进入上涨趋势中的股票。底部放巨量的股票说明主力有意拉升股价，市场交投活跃，成交量放大说明多空双方的争夺比较激烈，最终主力凭借资金优势取得胜利。值得一提的是，很多的牛股在启动上升趋势的初期，就出现了非常明显的天量成交现象。显而易见主力天量拉升股价必定是要长期坐庄，不然也不会明目张胆地放量给散户。底部放巨量但是却滞涨的股票较少见，一般天量后定会有天价出现。短线投资者在出现天量后见机买入股票，将会有不错的收益。

放大的成交量对应大涨的股价，这样的量价关系是比较健康的上升趋势；相反，萎缩的成交量对应下跌的股价。价涨量增、价跌量缩后，也就是主力拉升时成交量随之放大，主力打压时散户出货，成交量随之萎缩。

四、指数走出下跌趋势

个股要想长期顺利地上涨，必然需要指数的配合。指数处于下降通道中，个股如何挣扎上涨也只能是昙花一现，根本不具备持续性地上涨的条件。曾经在指数下跌时，诸多个股挣扎于上涨或下跌的边缘，但最终还是以破位下跌结束。上涨时是主力出货的最佳时机，主力是不会长期持有亏损的股票，致使资金大幅度缩水的。而散户就不一样，好像每一次的上涨机会都是为其创造的，因为散户有时候太盲目追涨，而往往在反弹时被套牢。

指数止跌企稳时，具有炒作题材的热门股票会率先发动上涨攻势，打开持续涨停的"大门"。这时如果投资者能够把握好市场中的热点切换，买到一些可以持续上涨的个股还是非常有可能的。只是在指数未上涨而个股当中热点切换上涨时，投资者要注意热点板块的切换过程，不要等到股价见顶回落时再卖出手中的股票。

指数止跌企稳后，经过一段时间的调整开始稳步地进入上升趋势中。这时投资者可以介入其中。不管股价如何滞涨，在指数上涨时投资者出现亏损还是很少见的。一般在市场一片大好时，短线操纵股票只要注意选择热点板块就能够获得较好收益。上升趋势中个股的回调时间是比较短暂的，强势个股可能根本用不着回调即可以连续大涨。

五、公司基本面尚可

虽然公司的基本面变化是长线投资者重点关注的要素，但短线投资者也应该关注。业绩出色的上市公司，加上可以炒作的好题材，只要主力稍微添油加醋就可以像插上翅膀一样一冲而上。如果上市公司的炒作题材虽然好，但是只能在未来为公司带来收益，当前的业绩非常差劲，那么可能就连主力也不会购买这些被业绩严重透支了的股票。股价未上涨前，主力可以把题材说得天花乱坠，一旦市场热点切换到其他个股上，没有任何业绩作为支撑的个股不管怎样都会见顶回落的。

短线投资者在选择个股时，选股的范围应该集中在那些业绩尚可或者被严重低估的个股上。这样，即便主力拉升完股价后想立即出货，还是会吸引众多的散户来买入股票的，投资者不会因为股价暴跌而受到损失。题材相差不多，上市流通股本也相差不多的股票，一般业绩稍好或者股价被低估的股票更容易成为潜在的大黑马。

第二节　搜索短线目标股

投资者在掌握了选股的一般原则后，就要在原则的指引下搜索能够大幅上涨的短线牛股。搜索的方法可以从沪深两市的涨跌幅排行榜入手，从排行榜中可以找出那些具有上涨潜力的真正牛股。只要主力肯花钱拉升股价，那么排行榜中就一定有短线牛股的踪迹。具体的搜索方法如下：

一、选择涨幅比较靠前的股票

如果指数处于横盘震荡的状态中，投资者可以选择那些强势特征明显或者出现异动的股票。它们都可能是短线购买的好选择。强势股票在指数横盘震荡或者下跌时，总是能够表现出强势上涨或者抗跌的特征。即使在指数下跌时，强势股票也可能会以小幅度上涨来回应弱势的指数。而在指数横盘震荡时，强势股票可能早已经站到了沪深两市的涨幅榜上。

如果指数处于强势上涨时，投资者应该搜索那些上涨幅度排名在两市中前 30 位的股票。排名越靠前，越能够成为市场中大幅度上涨的牛股。不管个股怎样上涨，能够站稳在市场涨幅榜前列的一定是非常热门的题材和非常牛的股票。弱势股票即使上涨，也是跟随龙头股上涨，其本身是不可能成为领头羊的。投资者搜索股票时，可以忽略市场中的弱势股。

二、寻找量比大于一倍的股票

搜索市场中量比在 1 倍以上的个股。量比在龙头股启动时是最能够说明问题的指标。不管什么样的牛股，启动时放量都是非常必要的。放量的目的有两个，一是主力拉升时顺便建仓，二是主力需要大笔的资金平息上方抛售的股票。要想达到这两个目的，主力需不惜花费重金拉升股价，反映在成交量上就是放量状态。第一次放巨量上涨的股票，量比指标通常都会在一倍以上。当然，实力强大的主力要竭尽全力建仓并拉升股价，量比达到 5 倍以上都是有可能的。

如图 3-1 所示，海油工程长期下跌中首次放量涨停，量比高达 3.5 倍。放大 3 倍多的成交量已经明显地说明有主力进驻该股，之后股价强势上涨，没出现大的回调现象。可见，短线投资者选择那些量比较大的个股持有，投资收益还是有保障的。

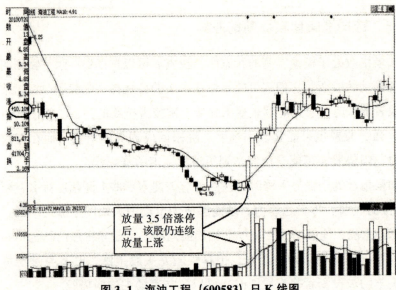

图 3-1　海油工程（600583）日 K 线图

三、观察符合前两条的股票的 K 线

在满足前两个条件的股票中，投资者第三步是观察股票的 K 线形态。从日 K 线中查看是否满足以下三个条件：

1. 是否第一次出现放量状态

处于放量状态的股票是很多的，但不是每一只股票都是第一次出现成交量放大的现象。既然投资者做短线，就应该选择那些有上涨潜力的股票。第一次出现放大量的股票，前期的上涨空间比较小，买方的能量没有被消耗掉，后市上涨的空间比较大。而首次放量以后再次出现放量的，即使股价的上涨幅度较大，也没有第一次放量股票的潜力大。所以短线投资者就要搜索那些初次放巨量的股票，这样后市股票上升的空间才比较大。

2. 近日是否出现企稳迹象的 K 线形态

有企稳迹象出现，股价再次上涨就没有后顾之忧。股价企稳，说明空方的能量已经在多空双方的争夺中被消耗殆尽，即使股价被再次拉升，回调的空间也不会很大。出现企稳迹象后的股票，其后市的大趋势一定是向上的。

3. 最近三日是否放量上涨

主力拉升的股票，其放量上攻的前期一定有一段放量建仓或者提高股价的过程。市场中大量的股票都是在连续的小幅度放量后才开始放量上攻的，这与主力循序渐进的操盘手法有关。实力强大的主力想要拉升股价，也必须有所准备。在温和放量阶段，主力还可以借助股价的波动来测试市场中抛盘的大小，在掌握了多空双方的力量大小后，其才能够在以后的拉升中有的放矢。

如图 3-2 所示，首创股份就是典型的先放量小幅度上涨，然后放大量涨停的股票。该股连续出现了四根放量上涨的小阳线，之后第五天股价一跃而起，高开高走，并且以涨幅为 9.96% 的涨停价格报收。该股强势涨停后，投资者买入可以获得不错的投资收益。图中显示出，放量涨停后股价一路高歌猛进，没有出现多余的调整行情。

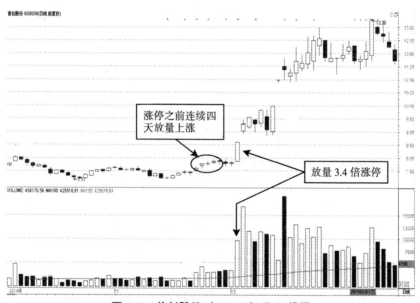

图 3-2　首创股份（600008）日 K 线图

四、选择收益好的公司

如果已经搜索出了满足以上三个条件的股票，那么接下来要观察上市公司的业绩情况。那些每股收益较高、市盈率低的股票才是短线投资者的首选股票。如果每股收益相似，市盈率也相差不多，短线投资者可以选择那些流通盘子小的股票，这样的股票比较活跃，最容易受到主力的青睐。

如图3-3所示，从中钢吉炭的日K线图中可以看出，该股涨停的日期是2010年8月31日。虽然是以涨停价格报收，但是随之第二天就出现了一根明显的大阴线。如此的上涨势头，则不能准确判断其是否为大牛股。与下文即将讲到的中钢天源同属于新材料板块的中钢吉炭2010年中报每股收益不足一分钱，上千倍的市盈率，如此低的业绩没能快速上涨也是有根据的。

2010年8月31日
启动上涨

图3-3　中钢吉炭（000928）日K线图

五、搜索最热门的题材

最后一个选股的条件是，在已经选好的股票中，挑选出那些热门题材的股票。热门题材炒作前，主力就已经完成了布局。在主力大幅度地拉升时，自然会受到市场的关注，投资者随着追涨买入可以获得较好的收益。或者说选择一些靠近热门题材的股票也是比较好的。

如图3-4所示，中钢天源从2010年8月20日开始启动放量涨停行情。并且在以后的几天内出现连续放量上涨。为何业绩并不算太好的中钢天源能够成为市场认可的牛股呢？原因就是中钢天源是小盘股，其题材又是2010年最为热门的稀土永磁。如此一来，该股成为市场中炒作的焦点也就不足为奇了。

2010 年 8 月 20 日
开始启动涨停行情

图 3-4 中钢天源（002057）日 K 线图

热点板块的股票上涨具有传导效应。如图 3-5 所示，横店东磁相比中钢天源的上涨要晚 5 天，但是这丝毫没有影响其牛股的地位。该股在短短的一周多的时间内就大涨超过 60%，可谓名副其实的大牛股。

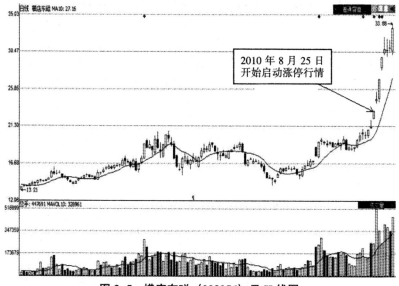

2010 年 8 月 25 日
开始启动涨停行情

图 3-5 横店东磁（002056）日 K 线图

如图3-6所示，北矿磁材同属于稀土永磁板块。这只股票开始上涨的时间比中钢天源和横店东磁分别晚了10天和5天，一直到2010年的8月30日才开始进入到了上升趋势中。但是即使涨停延后了好多天，也没能够阻挡这只股票的上升势头。上涨后，5天都是大涨，并且4天是涨停板，这就是这只牛股的真实写照。

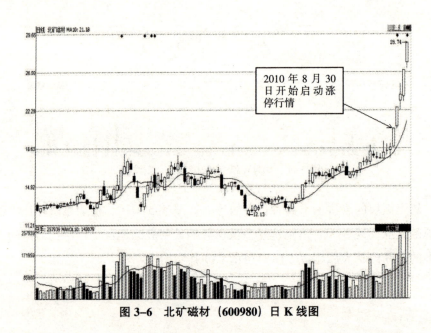

图3-6　北矿磁材（600980）日K线图

可见热门题材的个股，上涨潜力是非常巨大的。只要热门题材出现了一只像样的龙头股票，那么今后股价整体的上升势头就会由此确定下来。短线投资者买股票就是要挑选市场中真正的龙头股票，这样才能够获得超额的投资收益。

六、满足则可以介入

以上搜索短线目标股票的条件中，如果每一条的要求都满足，则短线投资者可以买入这样的股票。买入股票时，如果股价正处在快速的拉升过程中，那么买得高一些抓住潜在的大牛股也是可以的。但是买在高位也是有前提的，即有把握确认目标股票在今后是有主力大力拉升上涨的股票。

第三节　涨停股后续走势分析

能够进入涨停板的股票，是多方能量高度集中的体现。涨停代表了股价已经确立了上涨的运行趋势，短线投资者买入后，多数情况下可以获得不错的短线收益。但是追涨停的同时也要注意其中隐含的下跌风险，毕竟不是每一次的涨停都意味着股价可以连续出现上涨的机会。相反，追涨的投资者中也不乏很多亏损出局的。可以说涨停板是高收益与高风险的集合体，不仅可以使投资者在瞬间暴富，也可以使其在瞬间巨亏。涨停时也很可能是主力自己制造的多头陷阱。只要投资者追涨买入股票，就会掉进主力精心布置的陷阱中，短时间内都不能翻身。尤其在主力做盘时的洗盘和出货阶段，放量拉升股价到涨停板后，大量的买盘一定会为主力创造不错的出货机会。当然，主力是不会错过这样的洗盘和出货机会的。

既然涨停板存在着巨大的投机收益，而又伴随着相当的风险。那么短线投资者准确地分析出主力的操盘意图，选择符合买入条件的股票操作就显得尤为重要了。只有细致入微地分析好股价的每一次变化，仔细地判别涨停后股价的变化，才能够准确抓住潜在的巨大收益。

涨停后股价的后续走势可以从以下六个方面来分析：

一、涨停后缩量微跌

股价涨停后出现缩量下跌的现象，一般不会造成股价的破位下跌。缩量下跌只是主力出售少量的流通筹码恐吓散户罢了，大量的流通筹码还没有真正地抛售，调整合适后股价会大幅度地拉升回去。短线投资者要注意下跌时的跌幅不可以到前一日涨幅的一半，下跌时的成交量也不能超越涨停时成交量的 2/3。如果跌幅和成交量都变得很大，那么后市能否有效上涨就值得怀疑了。投资者应该尽量避免那些涨停后又放量下跌的个股，真正的强势股票是不会在涨停后大幅度回补的。没有上涨潜力的股票的主力才会在放量拉升后，高位出货。

　　如图 3-7 所示，东南网架的日 K 线图中，该股放量涨停后紧接着出现了下跌调整。但是下跌的幅度并不是很大，为 3.86%，下跌的当天成交量也出现了非常明显的萎缩。考虑到该股的上涨是长时间强势横盘后才开始的，缩量下跌只不过是主力洗盘的动作，故其后市继续上涨的空间还是有的。

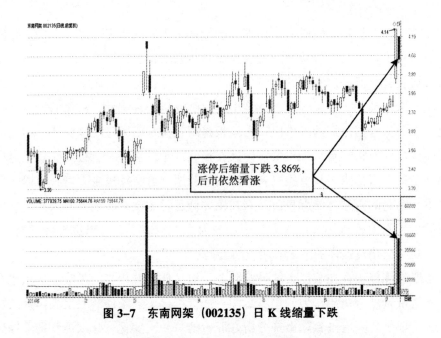

涨停后缩量下跌 3.86%，后市依然看涨

图 3-7　东南网架（002135）日 K 线缩量下跌

　　如图 3-8 所示，东南网架缩量下跌后，出现了继续放量上涨的行情，涨幅高达 20% 以上。由此可见，涨停后下跌并不可怕，只是主力给那些忙于出货的散户们一个卖出股票的机会，调整完成后主力还会再一次拉升股价。

二、涨停后大幅下挫

　　涨停后大幅度下挫的个股，是不值得短线投资者持有的。获利的空间完全被回补，不像是被主力拉升的股票，倒像是主力借机会出货或洗盘忽悠了散户一把。除非在股价大幅度下跌的当天，成交量萎缩到了极点（如相当于前一天成交量的 1/3），这样才不至于让股民联想到主力出货。因为主力手中掌握的流通盘比较大，萎缩的成交量不足以使主力完成出货。缩量下跌幅度再大，短线投资者都不失为买入股票的良机。已经持有股票的投资者，可以再次加仓买入。

图 3-8 东南网架（002135）缩量下跌后继续上涨

如图 3-9 所示，从双钱股份的日 K 线图中可以看出，股价经过长时间的缓慢上涨后，终于开始放量涨停了。但是在该股涨停后的第二天，股价就开始了下挫，跌幅高达 6.12%。跌幅如此之大，难道是主力在出货吗？

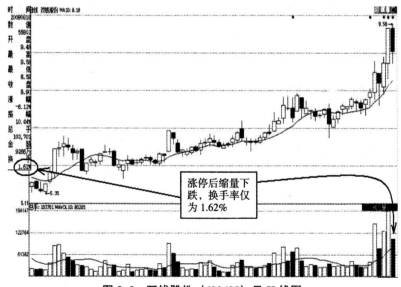

图 3-9 双钱股份（600623）日 K 线图

其实只要注意一下低至 1.62%的换手率以及明显萎缩的成交量，投资者就不难发现主力是不可能在换手率和成交量都下降的情况下出货的。既然不是主力出货，那么即使是下跌幅度较大，该股今后的股价仍然有很大的上涨潜力。下跌的股价只是为主力拉升股价蓄势，蓄势完成后股价的上涨空间将会更大。

如图 3-10 所示，双钱股份在缩量大跌后，上涨趋势简直就是势如破竹，任何的阻力都变成了摆设。股价最终从 8 元附近启动上涨到了 22 元附近，涨幅高达 200%以上。

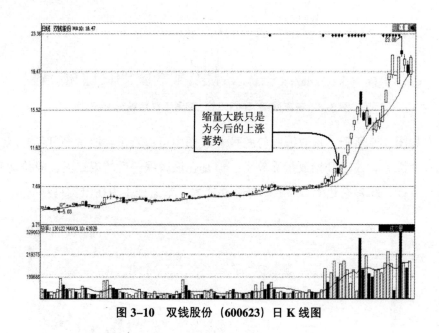

图 3-10　双钱股份（600623）日 K 线图

三、涨停后放量小涨

涨停后放量小幅度上涨，证明多方的力量比较强大，股价的上涨趋势很可能就此维持下去。只是在上涨时，成交量不可以放得过大。原因是主力同样可以利用放量小幅上涨的机会完成出货，只是出货时没有表现为股价的破位下跌，且换手率大涨到 10%以上就是主力出货的明证。短短的几天时间对于主力来说可能是太短暂，但是长时间的滞涨，就为主力提供了很好的出货机会。短线投资者要对这样的情况提高警惕，否则亏损就不可避免了。

如图 3-11 所示，康美药业在放量涨停后，虽没有出现大涨的行情，但是强势缓慢上攻的股价已经很能够说明上升的趋势了。既然股价在涨停后还能够继续强势上涨，就说明股价的涨幅还远远没有达到顶部，短线投资者可以大胆建仓买入，后市虽然不一定会有很强势的上升趋势出现，但是在一段时间内股价上涨还是有把握的。

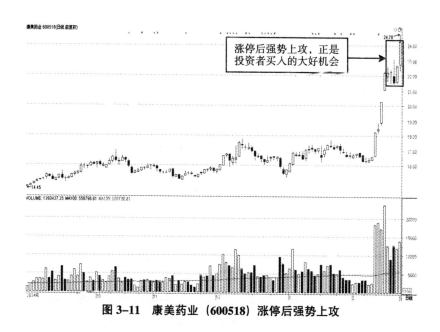

图 3-11　康美药业（600518）涨停后强势上攻

如图 3-12 所示，从康美药业的日 K 线图中可以看出，正如所预料的那样，该股的上涨过程虽然不是很快，但是强势上涨的趋势没有出现变化，这样的股票适合那些想获得稳定的收益，而持股风险又不高的短线投资者。

四、涨停后放量大涨

涨停后继续放量大涨的股票，说明其上涨的能量还是比较充足的，主力有能力使股价进一步创出新高。这样的股票正是短线投资者追求的目标股。如果个股再次放量大涨的同时，指数可以配合个股一起创出新高，那么投资者可以找机会快速买入这样的股票。放量大涨的股票虽然涨势良好，但也不是能够轻而易举地抓住的。快速上涨的股票要求买入时挂单必须得高，买入的机会才会大一些，否则投资者很可能会在股价涨停后也没办法买入股票。

图 3-12　康美药业（600518）强势上涨

此外，买入这样继续大涨的股票时，散户可能会因为买入的价位过高而在股价回调时出现亏损，这显然是不利于投资者盈利的。市场中也经常会有一些个股，涨停的第二天高开高走，但是又很快地冲高回落。对于这种情况，投资者要警惕防备。

　　如图 3-13 所示，从成飞集成的日 K 线图中可以看出，该股除权后，主力经过一段时间的运作，股价突然出现了"一"字涨停板。这种以"一"字涨停的方式拉升的股价，说明主力的控股程度非常高，其拉升的实力是非常强大的。该股第二天的继续高开高走涨停就说明了这个结论。对于这样非常强势上涨的股票，投资者不论何时买入都会有很好的投资收益。短线投资者持有这类股票的时间可以长一些，因为强势股票的上涨时间和空间都是比较大的。

　　如图 3-14 所示，从成飞集成的日 K 线图中看出，如果短线投资者追涨买入该股，至少可以获得超过 5 个涨停板的盈利空间。连续涨停数次后该股开始横盘整理。图中横盘完全是强势股的横盘特征。股价几乎维持在一个价位上纹丝不动，横盘都能够表现得如此强势，短线投资者也就没有不买的理由了。

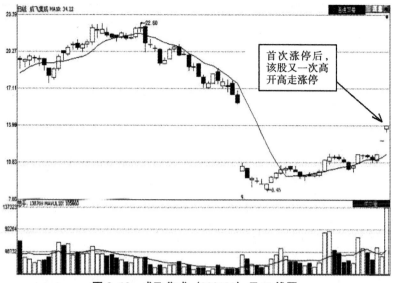

首次涨停后，该股又一次高开高走涨停

图 3-13 成飞集成（002190）日 K 线图

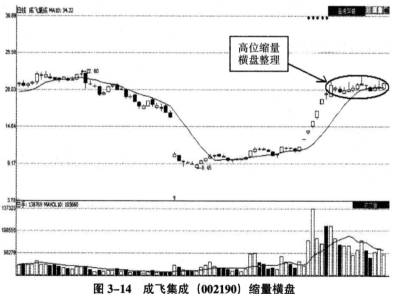

高位缩量横盘整理

图 3-14 成飞集成（002190）缩量横盘

　　如图 3-15 所示，从成飞集成的日 K 线图中看出，该股强势上涨，从除权后的最低价格 8.45 元上涨到最高价格 47.74 元，涨幅高达 465%。如此强势上涨的个股在 2010 年那个时间段内，也是两市中仅有的一只股票了。投资者不论在何时买入该股，都可以在短时间内获得丰厚的收益。

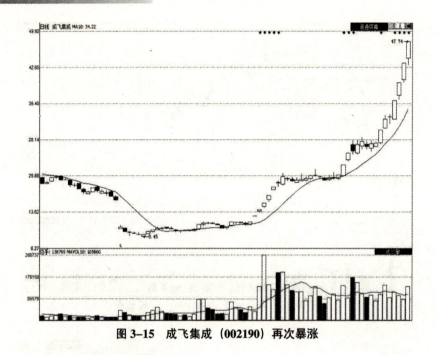

图 3-15　成飞集成（002190）再次暴涨

五、涨停后强势横盘

横盘情况一般在主力洗盘、吸筹或者股价运行趋势不明朗的时候发生。其中涨停后，出现横盘多数情况下是因为主力想要洗盘，使不坚定的散户卖出手中的股票。股价横盘不动虽然不像下跌那样奏效，但是时间一长，同样会有一部分散户忍受不了滞涨的股价而抛售，这样主力再次拉升股价时就不会有太大的抛售压力。

如图 3-16 所示，从平高电气的日 K 线图中可以看出，除权缩量下跌后，该股出现了第一次涨停。涨停板出现后，股价开始缩量强势横盘整理。上涨时放量与下跌时缩量形成了非常明显的对比，说明该股的上涨过程还没有完成，短线投资者可以大量买入，看高到填权价格附近。

如图 3-17 所示，在平高电气的日 K 线图中，该股的上涨过程可谓一波三折，但是也终于上涨到了填权价格 19 元附近。投资者在涨停后缩量整理时买入，机会还是不错的。

图 3-16　平高电气（600312）日 K 线图

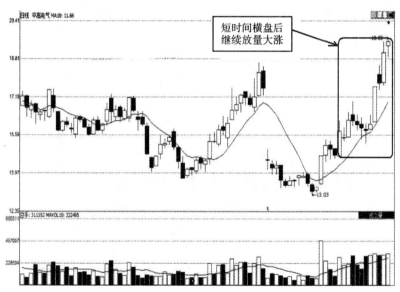

图 3-17　平高电气（600312）横盘后放量上涨

六、涨停后高位震荡

如果主力想要再次拉升股价，震荡的股价就有可能是主力洗盘的动作；如果主力不打算再次拉升股价，出货就是震荡的真正原因。出于洗盘的震荡，股价不会在下跌时放量；而为了出货使股价大幅度地震荡，主力一定会在震荡的高位放出巨大的成交量（换手率同样会变大），以便顺利完成出货动作。洗盘期间的震荡会导致成交量在股价下跌时不断地萎缩，而出货时股价会在震荡中不断地下跌，这是两者间的显著区别。

如图 3-18 所示，从古井贡酒的日 K 线图中可以看出，该股放量涨停后股价在第二天出现了非常明显的震荡。但是大幅波动的股价背后却是当日下跌幅度只有 0.77%，1% 都不到，而且换手率也只有 1%，从小幅微跌中可以看出，主力的做盘动作不十分明显。放量微跌只是主力自己玩的一场洗盘游戏，后市还是看高。

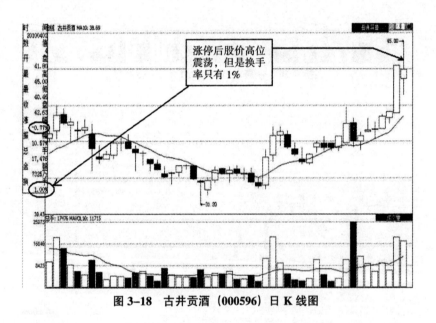

图 3-18　古井贡酒（000596）日 K 线图

如图 3-19 所示，古井贡酒大幅震荡后出现连续小幅上涨。短线投资者买入后虽然获利不多，但是投资收益还是比较稳定的。

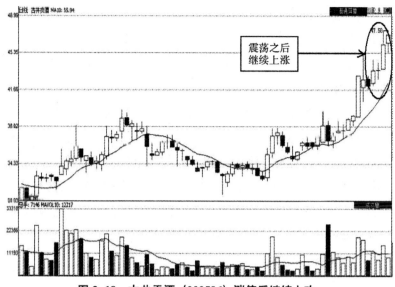

图3-19　古井贡酒（000596）涨停后继续上攻

第四节　大盘涨跌时成交量的动向

指数在上涨和下跌时不像个股那样容易被操纵。指数上涨时一定会伴随着成交量的放大，而下跌时缩减成交量也较常见。指数的变化趋势一旦确立，改变方向是很难的。在横盘滞涨时，成交量会维持在缩量的状态。而一旦指数企稳，并进入到上升行情中，成交量一定会不断地放大。指数确立上升趋势后，中途的每一次调整都会使对应的成交量迅速萎缩。进入升势后，指数的上涨空间也就确立了。即便指数在上涨的途中出现短时间的调整，再次创新高后，成交量一定会再次放大。如果没有出现有效的放量，连续的上涨是不可能的。指数进入下跌趋势前，成交量首先要萎缩，之后即便抛售的压力很小，指数也不可能持续地上涨。

当指数进入到熊市中后，市场交投会不断地萎靡，对应的成交量也会不断地萎缩。阴跌不止的指数，短时间内不会有较大的回升。成交量不呈现放大，指数的上涨就是一句空话。散户在指数下跌时，任何时间补仓都会面临亏损的可能。指数企稳不仅需要成交量的放大，而且需要其有效的持续性放大。如果仅仅凭借政策方面的短期利好因素使成交量突然放量上涨，持续性是受到质疑的。就如 2008 年印花税率的两次下调一样，指数的上涨都是"小试牛刀"，最终还是要在市场认同的底部开始放量反弹。

总的来说，要准确判断指数的真正走势，结合成交量的放大和萎缩状态，综合研判显得十分必要。指数上涨时，成交量要相应地达到一个新的高度；指数下跌时，出现萎缩的成交量也是必然的。

如图 3-20 所示，上证指数在 2005 年 7 月到 2007 年年底的牛市中，成交量也伴随着指数的冲高而不断地上涨。第一个阶段，成交量和指数一起达到高位后，出现了图中 B 位置的缩量下跌。缩量下跌调整的过程也是在为下一次的上涨做充分的准备。

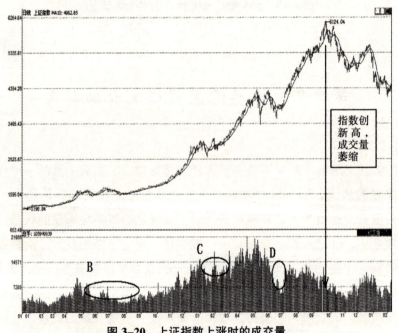

图 3-20　上证指数上涨时的成交量

第二次的放量上涨后，成交量随之出现了图中 C 位置的萎缩状态，指数随之进入到短时间的调整状态中。

令人欣喜的是，指数调整阶段中，成交量即使萎缩也没有达到前一次调整时缩量的程度，其处于高位的萎缩状态恰好为指数的再次冲高创造了条件。投资者可以短时间休息，为下一次的上涨拉升做好准备。

　　上证指数在4400点附近受阻后，指数最后一次调整出现了。图中D位置萎缩的成交量显然超出了C位置的萎缩程度。虽然指数还没有出现下跌的情况，但是上证指数已经不能够再次放量上涨了。4400点到6124点的上涨阶段是一次缩量上涨的拉升阶段。考虑到当时个股的估值都已经非常高，平均市盈率也已经高达四五十倍。缩量上涨为投资者敲响了警钟。

　　如图3-21所示，上证指数在6124点高位见顶后，反弹无果一路下跌。虽然指数下跌过程中也曾经出现过许多短时间的上涨行情，但是每一次的反弹都是无果而终。为何多次的反弹都没有结果呢？原因就是成交量的放大只是短时间内未形成持续性，投资者的追涨热情并不高，导致指数每一次的上涨都以失败告终。

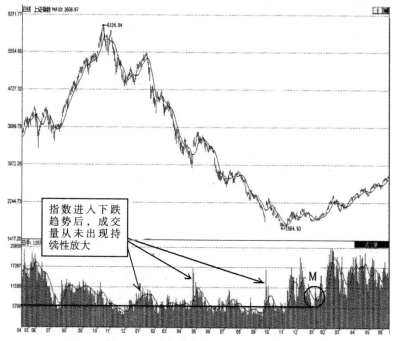

图3-21　上证指数下跌时的成交量

　　图3-21中显示每一次指数反弹时，成交量就会出现短短几日放大，随之又回到平均不足600手的成交量范围内，这也正是指数每一次都没能够有效突破阻力上涨的主要原因之一。

指数真正的企稳并且开始上涨出现在图中 M 所示的位置。在 M 位置，成交量恰好是指数向上突破后的量能萎缩阶段。这次成交量的萎缩与以往不同的是，成交量已经高居 600 万手以上了。而之后成交量再一次放大，指数又一次的上涨证明了上涨趋势已经被确认。

如图 3-22 所示，从上证指数的日 K 线图中看出，指数从缩量下跌到放量上涨的过程中，成交量的变化与指数的波动方向是一致的。下跌阶段，成交量呈现出图中 D 段的萎缩状态。而指数进入到上升阶段后，成交量随之出现图中 E 段的放量状态。D 段萎缩的成交量显然要比 E 段放大的成交量小许多。图中 E 段高位运行的成交量也正是指数能够不断上涨的动力来源。当指数进入到更稳定的上升时期时，最低成交量又被抬高到了图中 F 段的成交量高度。

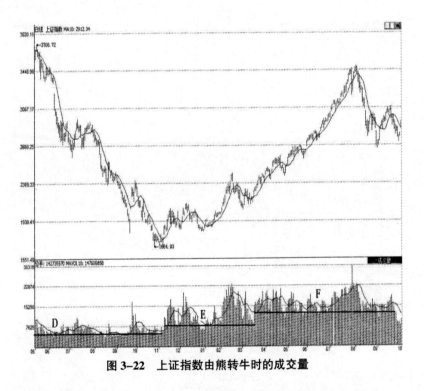

图 3-22　上证指数由熊转牛时的成交量

在指数上涨的三个阶段，每一次最低成交量的放大都为指数的继续上涨创造了必要的条件，即有了图中 D、E、F 三段最低成交量的不断放大才有了指数进一步的上涨行情。

如图 3-23 所示，上证指数在前文所描述的上涨阶段后，指数随即出现了疯狂下跌的调整行情。即使在指数下跌调整时，最小成交量在短时间仍然没有出现下跌。而在指数触底反弹时，图中圈出的位置显示最小日成交量萎缩到了另一个低点。就是这一次的成交量萎缩，使得指数再次上涨的过程成为众多的主力为自己寻找的出货理由。指数在 3478 点见顶后，在下跌的过程中，最低的成交量已经由图中 F 段萎缩到图中 G 段所示的状态。

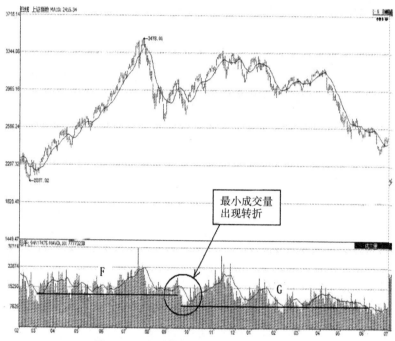

图 3-23　上证指数由牛转熊后的成交量

第四章 短线炒作中的主力做盘手法

第一节 详说主力

一、主力的概述

股票市场是资金不断博弈的场所，市场中之所以有熊股、牛股之分，是因为控制股价的主力实力千差万别。熊股在表现稍微好时，会偶尔出现涨停板，随后则不断地调整，再次进入滞涨的怪圈中。这主要是因为偶然的大幅上涨，遭到了众多散户的抛售，于是开始不断下跌。而这种股票主力的实力又欠佳，或者根本就是散户追捧的结果，所以其才会是一只熊股。而牛股则不一样。在市场下跌时，牛股会是非常抗跌的品种，因为其主力是有持仓成本的，虽然不断地下跌同样会使主力损失惨重，但主力会全力维护股价，避免陷入亏损的境地。主力想要拉升某一只股票时，会义无反顾地用尽全力去做。可以说在股票市场中，主力是牛股"出生"的催化剂。

投资者理解"主力"这个词时其实不用想得太复杂，主力只是比散户的资金量庞大、买卖手法独特、能够对某只股票起到控制作用而已。但不管操作手段如何，主力盈利的基本过程是相同的，都是买入低价的股票，卖在高位获得投资收益。事实上，散户买卖股票的一切常规的动作在主力操作中也会发生。只不过主力买股票的手法被投资者称作"建仓"，而卖出股票的动作被称作"出货"。主力就是在建仓后，使用各种手法控制股价上涨到目标价位，高位完成出货，结束操盘过程。当然，主力在完成建仓后，清洗"浮筹"，为拉升股价创造良好的环境也是非常必要的。这样股票才能够被不断地拉升。

如此看来，主力在操作一只股票时，一般分为建仓、洗盘、拉升和出货四个步骤。每一步的顺利实施都需要投入大量的资金，没有足够的资金支持，主力的操盘过程是很难实现的。主力在操盘建仓前，首先要用足够的资金来完成建仓的动作，这是必不可少的环节。只有主力掌握的流通筹码多了，拉升股价才会变得相对容易，这样可以把节省下来的资金用于建仓和等待获利。

对于主力来说，要想控盘和操作一只股票，涉及的环节是非常复杂的。资金的分配也不局限于建仓、洗盘和拉升等几个步骤，不同操作风格的主力可能会在拉升和打压的过程中，通过不同操作手段取得投资收益。在股票市场中，主力永远都是属于主动拉升股价赚取投资收益的，而散户经常是跟随在主力的"屁股"后边坐吃山空。主力总是赚取巨额的利润，而散户经常是赔钱或者只是获得微小的投资收益。为什么能够有这么大的区别呢，就是因为主力有散户没有的一些明显的优势。

二、主力的优势

1. 资金庞大

股票市场是主力的天下，具有明显资金优势的主力在股市中如鱼得水，可以轻松获得丰厚的利润。散户们的资金大部分是五六位数的金额，而主力的资金动辄就是上亿元的。对于散户几乎不可能的建仓、洗盘、拉升和出货的大量资金运作的过程，对主力来说根本不是什么难事。主力在使用成千上万元的资金在股价的底部大量地建仓后，还能够留有剩余的资金进行洗盘和拉升的动作。如果赶上市场趋势不好时，主力还能长时间地蛰伏起来，并且适当地减少仓位。横盘之中，众多的散户不看好后市时，正是主力大力建仓的时候。然而真到股价上涨时，主力又开始打压，并且借股价下跌的机会再次疯狂地建仓。真正不断地涨停拉升时，散户又都倾向于见好就收，抱着一点盈利就美得不行，而让主力拿到多数的投资收益。

主力就是利用资金优势，将散户玩弄于股掌之中。主力凭借自己强大的资金优势，主动操纵股价的走势，散户就只有发现机会，并且抓住机会才能够有较好的投资收益。

2. 能够率先把握题材和热点，轮番炒作

熟悉市场变化的老股民可能都知道，很多的股票在出现重大的利好消息前，总是有主力能够提前介入其中，并且在消息兑现时获取丰厚利润。或者是主力总可以在市场获得消息前建仓，消息还未发布时，主力就开始提前拉升股价。等到消息真正公布时，散户就只能傻乎乎地看着股价上涨完后的美好"图画"了。

在市场不断上涨时，热点板块会不断地完成轮动。主力在其中总是能够创造提前入驻目标股票，并且拉升获利的神话。

三、主力的分类

从市场中主力的资金来源划分，国内 A 股市场中可以有上市公司、证券商、基金公司、QFII（合格的外国机构投资者）和私募基金等。

市场中来源于上市公司的大股东，是上市公司非常强大的主力。这样说，不仅仅是因为他们的资金庞大，掌握着上市公司的大量流通股票，更是因为他们熟悉上市公司的经营状况和股票市场两个方面，若其成为股价拉升的主力，股价的上涨潜力将是非常巨大的。

证券商作为市场中的主力，操作某一只股票时有其得天独厚的优势。券商对于国家与证券相关的政策、法规非常熟悉。作为上市公司的保荐人，更是熟知公司的相关经营情况。虽然证券商利用自营业务坐庄一只股票的时间可能不会很长，但总是能够在恰当的时机进入市场，短时间内大幅度拉升股价取得投资收益。可以说券商就是属于那些先知先觉的主力，履行着发现并拉升股价的"职责"。

基金公司作为股票市场中重要的参与者，其资金量也是不可小觑的。为股票提供资金的重要来源中，基金公司就占据着非常大的份额。可以说基金公司是上市公司希望百般讨好的机构，没有众多的基金公司的参与，上市公司能否获得相应的融资是值得质疑的。而市场中有了基金公司的参与，也更加能够使投资者侧重于价值投资，有利于股票市场的运作。

私募基金在充当市场的主力时，进出股市的特点是相当明显的。见到市场热点需要拉升时就会突然性地介入其中，但是一般持续上涨的时间是很有限的。私募基金在操作股票时，总是来也匆匆，去也匆匆。并且私募基金在操作股票时，手法不拘一格。选择好一只流通盘不大的股票之后，就开始见机大幅度地拉升。

第二节　主力做盘的六个阶段

一、主力做盘手法的介绍

虽然主力操作手法有些差异，但是其做盘的几个大的阶段几乎都是相同的。主力做盘的目的与散户没有什么区别，都是要获得投资收益。这种投资收益多数也就是指股价上涨带来的收益，而不是无限期地持有股票带来的分红收益。为了取得投资收益，很显然主力首先要买入股票，这样就有了其做盘的第一个阶段——建仓阶段。而建仓之后，主力手中就有了足够多的筹码，使筹码获得投资收益必要的手段就是拉抬股价。拉抬股价时肯定会遇到抛盘的阻力，为了减小拉升中的抛售压力并且节约拉升成本，主力一定会想办法抬高散户的持仓成本，把不坚定的散户赶出去，这样就有了主力做盘的第二个阶段——洗盘阶段。洗盘后持股的散户中已经很少有不坚定分子了，这时候主力可以顺利地完成资金做盘最重要的一个阶段，即第三阶段——拉抬股价。那么仅仅拉抬一次股票，股价就可以上涨到主力的目标价位了吗？一般是不会的。通常在多方占据主动的牛市行情中，指数的上涨空间是比较大的，一两波的上涨是不足以使指数见顶的。个股也是如此，既然一次的拉升并没有满足主力的胃口，那么在第二次的拉升前稍微整理一下是十分必要的。顺理成章地出现了第四个主力做盘阶段——整理阶段。整理之后主力会全力以赴地拉升股价到非常高的价位，这样才能获得丰厚的投资回报。这样就出现了主力做盘的第五个阶段——拔高阶段。从最初的建仓、洗盘、拉抬再到整理、拔高，主力经过五个阶段的做盘，终于使股价上涨到了目标价位，这样主力可以放心地兑现投资收益了，主力做盘的第六个阶段——出货阶段也就出现了。

二、不同做盘手法的特点

主力做盘的阶段各自有什么特点呢，下面我们逐一介绍：

1. 建仓阶段

建仓阶段是主力吃货的重要阶段，既然要吃货动用大量的资金就是理所当然的。虽然主力建仓过程持续时间可能不尽相同，但是不管时间是长还是短，成交量放大是必然会有的现象。只不过短暂建仓，成交量可能会相应放得更大一些；而长时间内完成的建仓，成交量的放大一般不会很明显。只有投资者将日 K 线图缩小看时，才能够看出主力明显的放量建仓过程。既然建仓过程对主力来说非常重要，那么显然匆匆忙忙地随意建仓肯定是不行的，采取一些建仓手法是主力的必然选择。

按照主力建仓时股价的波动特点划分，建仓过程主要有四种情况：打压股价中建仓、快速拉升股价中建仓、横盘滞涨中建仓和缓慢上涨中建仓。

打压股价的过程中建仓，是主力借助股价的破位下跌，造成散户的恐慌性抛盘，而顺势在底部接盘完成建仓的过程。而快速拉升股价的过程中建仓，却是主力主动为散户送上一些投资收益，使散户很情愿地了结头寸提前获利出局，这样主力虽然获得的筹码成本比较高，但是主力的资金雄厚，拉升目标远大，不会介意这些小的得失的。能够在快速拉升中完成建仓，股票今后的上涨空间也是非常巨大的。横盘滞涨的过程中建仓，主力坐庄时间一般会比较长，拉升股价的幅度也会比较大。但是长时间的横盘建仓，必然会使一部分的散户失去继续持股的耐心。持有这样的股票，对投资者来说确实是考验耐心的时候，半途中卖出股票也许就是主力开始放量拉升股价之时，所以散户需要很耐心地持有股票。缓慢上涨的过程中完成建仓，一般是主力迫于形势不得不采取这种手法来完成建仓。如在熊市与牛市短时间的转换中，主力在使用打压的手法建仓时一定会遭到众多散户的哄抢，这样非但不能够完成建仓，还会浪费了大量的资金，得不偿失。这样一来，主力只好顺势而为地在缓慢上涨途中完成建仓过程。

如图 4-1 所示，从长城电脑的周 K 线图中可以看出，主力是在股价下跌到历史低位时开始放量建仓的。从图中均笔成交量的变化中可以看出，缓慢上涨的均笔成交量正是主力不断活跃的表现。那么主力为什么会在这个时候活跃呢，显然是见到低价打折股票爱不释手，妄想快速扫货的主力不在此时放量建仓，恐怕在以后就难以有很好的建仓机会了。

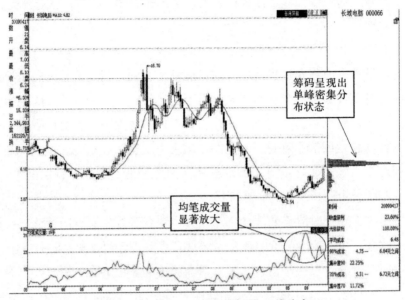

图4-1　长城电脑（000066）周K线建仓

主力在建仓前均笔成交量只有区区的几手，但是随着主力建仓规模的不断扩大，均笔成交量快速膨胀到了最高30手以上。如此大的变化显然是主力动真格了，散户们也就没必要再等待，跟随主力完成建仓是不错的选择。

图中筹码分布显示出主力完成建仓之后，筹码已经高度地集中到了股价顶部。密集的筹码分布形态，正是主力不断建仓过程中抬高股价的结果。筹码大量聚集在高位，主力在拉升时才不容易受到抛售的压力而滞涨。

如图4-2所示，长城电脑周K线中显示，主力在完成建仓后，均笔成交量随之下跌，但是相比熊市中没有主力存在时，均笔成交量仍可以在17手附近的高位运行。均笔成交量之所以相比主力建仓时下跌了不少，是因为建仓时主力动用了几乎全部的资金买入股票，而建仓完毕后已经对该股有控盘资金，控制股价上涨也就不需花费较大力气了，均笔成交量随之下跌也是有道理的。

2. 洗盘阶段

主力洗盘的主要目的有两个：一是将持股不坚决的散户赶出去，减小以

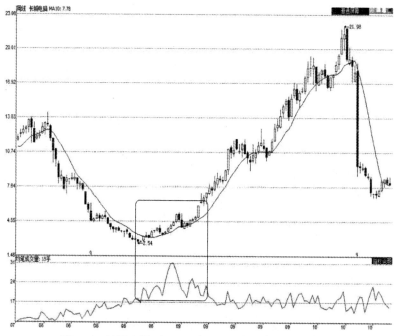

图 4-2　长城电脑（000066）周 K 线建仓后股价走势

后拉升股价的阻力；二是提高投资者的持仓成本，减少获利盘的存在。洗盘中主力常用的手法就是大幅度地上下震荡，使持股不坚定的散户手中的筹码转移到其他散户手中。当然短时间放量打压股价也是非常不错的选择，那些不坚定的散户在股价下跌到底部时割肉，主力顺便再次建仓，这在股市中也是见怪不怪了。只可惜在很多的时候，即使主力洗盘时股价并未出现明显的破位，或者说股价只是刚刚跌破趋势线的支撑，指标刚刚出现卖出的信号，就使得散户慌忙中出货了，这不能不说是散户的一大损失。

如图 4-3 所示，海王生物的日 K 线图中，该股被主力拉升上涨的幅度可谓非常巨大。但是在连续暴涨后，显然由于抛售的压力较大，该股创下10.96 元的新高后开始由缓慢调整到快速下跌转变。从图中可以看出，股价下跌时均笔成交量已经显著下降了。拉升时的均笔成交量高位运行，显然是主力所为；而高位下跌中均笔成交量的显著萎缩，可以肯定主力并没有参与其中。既然主力不参与股价下跌的调整，也就不会有主力出货的嫌疑，那么高位缩量下跌只不过是获利盘和部分套牢盘的抛售行为罢了。

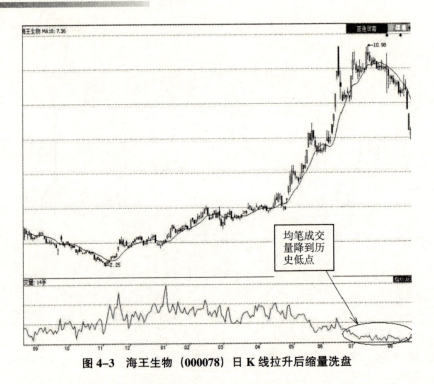

图4-3　海王生物（000078）日K线拉升后缩量洗盘

这样一来，均笔成交量缩量下跌后，必然有股价再次放量上涨的机会出现，投资者可以继续持有该股，或者在下跌时适当减仓操作。在股价重新站稳均线之后，再继续持仓待涨。

如图4-4所示，海王生物在经过第一次的短暂深幅下跌调整后，经过调整股价的上涨趋势继续有效，均笔成交量再次放大就是主力再次做多的表现。第二次上涨后，股价又一次上演了见顶回落的行情。只是这一次的股价在见顶回落时，均笔成交量和换手率都有所增加。这证明了在股价连番地大涨后，主力的恐高症也表现得非常明显。但是从图中的股价再次站稳在均线之上，可以明显地看出主力资金还没有完全从该股中撤离。高位调仓换手是必要的，不然股价也不可能再次被拉升。

如图4-5所示，海王生物的日K线图中显示股价调整之后再次被拉升。股价高位再次上涨，均笔成交量极度萎缩至拉升建仓和拉升以来的最低点位，显然在该股中已经很难觅到主力的身影了。这时候，如果投资者反过来看股价在最后被拉升时，可以看到换手率已经达到了高不可攀的程度。最高40%以上，最低也有20%的换手率，如此高的换手率，主力可以有充分的机

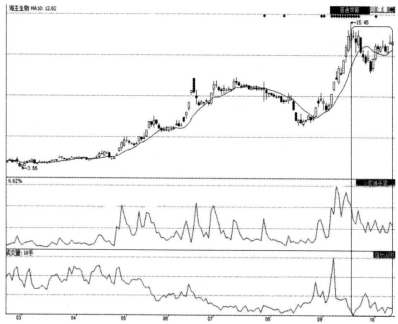

图 4-4　海王生物（000078）日 K 线拉升后二次洗盘

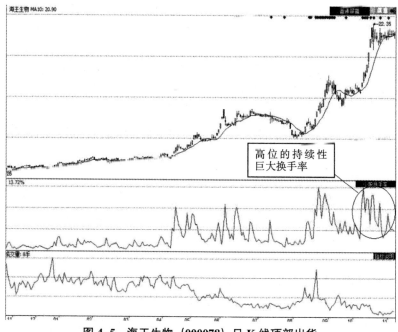

图 4-5　海王生物（000078）日 K 线顶部出货

会出货。

如图4-6所示，从海王生物的日K线图中可以看出，主力在拉升中不断地出货后，均笔成交量萎缩到极点，显然主力的大量资金早已经悄悄离场，等待散户们的唯有股价大跌调整了。

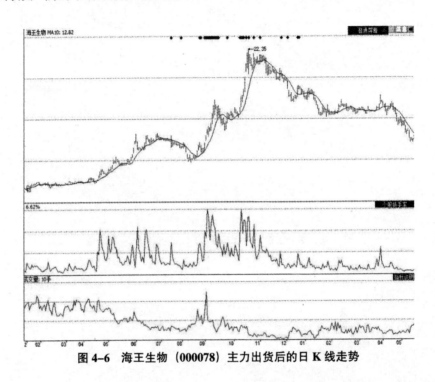

图4-6　海王生物（000078）主力出货后的日K线走势

图中显示股价在见顶回落后，一刻不停地跌了下来。虽然不断有短暂的小幅上涨行情出现，但是都只能是昙花一现，股价一涨就跌的颓势依然没有太大的变化。下跌调整时出现的换手率的短暂升高，也不过是主力还未出货的剩余资金在拉升股价后大量出货所致。

3. 拉抬阶段

拉抬阶段是主力真正获利的有效阶段，通过拉升股价才能够实现收益的不断膨胀。在主力拉升股价时，成交量一般都呈现价涨量增的状态。当然，股价中途短时间调整时，也会有成交量缩量下跌或者是缩量横盘的现象出现。这正是主力惜售的表现，也是主力拉升股价中泄露出来的拉升动机。

主力惯用的拉抬手法主要有打压中拉升、涨停方式拉升、对倒中缓慢拉升等。打压中拉升就是主力在拉升中，也穿插着打压的过程。上涨的股价就是在不断的上涨和下跌中完成的。而涨停方式拉升是在主力控制了大部分的流通筹码后才能够做到的。特别是以开盘即涨停的方式拉升，投资者如果没有提前买入股票，获得诱人的投资收益，实现拉升几乎是不可能的事情。而对倒中缓慢拉升股价是在主力没有充分的建仓时常用的拉升手法。采取对倒拉升，不需要主力投入大量的资金，股价会在庄家拉升中不断得到散户的买盘支撑而惯性地上涨，成交量在这个时候一般是不断上升的。

如图 4-7 所示，从渝开发的日 K 线图中可以看出，该股在下跌全底部 6 元附近时，均笔成交量有效地放大，主力的资金大举介入该股中。图中 B 段就是主力重点建仓的重要时机，过了 B 段之后股价在 C 段中被大幅度地拉升。图中均笔成交量与股价的同方向上涨正是主力大力拉升的结果。在拉升的过程中，主力的实力显得非常重要。

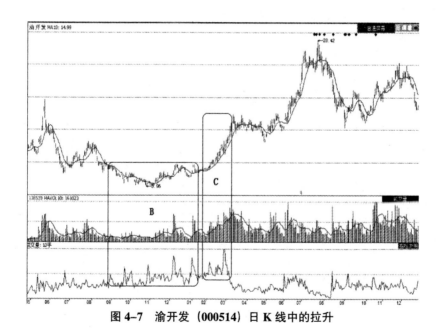

图 4-7　渝开发（000514）日 K 线中的拉升

4. 整理阶段

股价在拉升之后进入整理阶段。整理阶段在主力做盘的过程中不是必不可少的，但经常是主力不得不做的事情。因为拉升后获利盘非常大，想要得到更加丰厚的利润唯有再次洗盘。整理阶段也就是股价在进入最后的拔高拉升前的准备阶段，通过使用不同的手法再次使散户手中的股票不断地换手，这样一来在今后也就有了拉升的动力。

　　通常在拔高之前的整理洗盘的动作是比较大的，而股价在最后的拔高阶段涨幅也是非常可观的，真正能够跟随着主力坚持持股到最终拔高之后，这样的散户少之又少，多数的散户都是半路上买入股票获利微薄。也就是在主力不断地洗盘和整理中杀进来的散户，在主力拉升股价时给予了主力莫大的支持。

　　如图 4-8 所示，华海药业的主力在拉升和建仓阶段过后，股价随机进入了横盘整理的状态。在横盘整理期间，价格波动非常小，均笔成交量一举跌入一年内都未有过的低位，说明主力已经放手让股价进入自然的调整了。显然，这时候主力放任股价进行调整，是在为随之而来的拉升创造条件。只有横盘整理充分后，股价才能够被轻而易举地拉升到位，没有上涨途中的横盘整理就进行盲目的拉升，收到的效果是很小的。

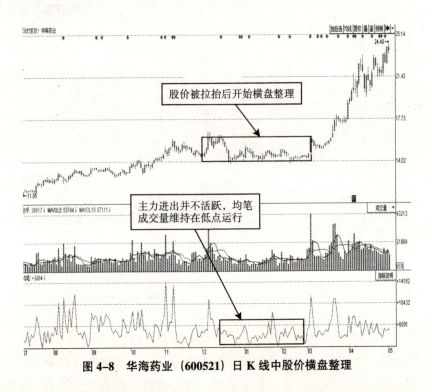

图 4-8　华海药业（600521）日 K 线中股价横盘整理

　　通常来说，股价在横盘整理后，主力放量拉升股价，股价就会疯狂地上涨。并且横盘整理的时间越长，股价换手越是充分，以后主力拉升上涨的潜力就越大。

如图 4-9 所示，从江中药业的日 K 线图中可以看出，主力在拉升该股前，股价曾经历过长时间的横盘状态。图中显示第一次横盘期间，成交量出现了一些萎缩，第二次再次出现高位横盘的时候，成交量已经上涨到了一个新的高度。这说明市场是不支持下跌的，横盘只是主力操盘的手段，真正的拉升阶段还在后边。

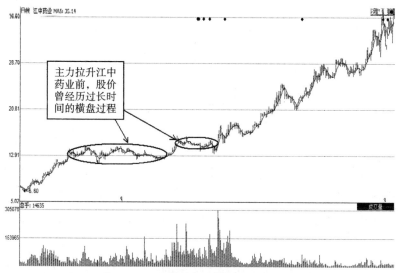

图 4-9　江中药业（600750）横盘整理

5. 拔高阶段

拔高阶段是股价最后上涨的时候，这时主力表现得非常疯狂，不断地放量拉升股价，而散户也是在主力疯狂拉升的引诱下不断地买入股票。短时间内，在主力和散户的共同作用下，股票不断地在投资者手中完成换手，股价被拉入了一个又一个的新高位。最后的拔高过程不仅是主力创造滚滚财源的大好机会，也是主力在为以后的高位出货创造股价空间，并且可以借机会哄骗一群坚定不移的追涨散户来高位接盘。

如图 4-10 所示，从渝开发的日 K 线图中可以看出，该股在横盘长达三个月之久后开始再次地放量拉升上涨。不过这次的拉升阶段，均笔成交量并未有效地放大，只是保持了温和放大的程度。随着股价的见顶，均笔成交量

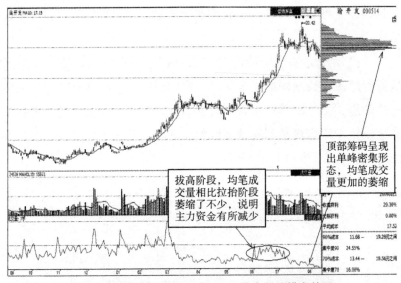

图 4-10　渝开发（000514）日 K 线中股价横盘整理

再次下跌到了历史的低点。萎缩的均量表明主力的这次拔高股价已经用尽了资金，再想拉升股价已经非常有难度，股价见顶下跌已经是不可避免了。当然，股价在顶部聚集的大量筹码，也是该股见顶回落的原因之一。主力既然已经无力再次拉升股价，那么散户的抛售压力就将起到决定性的作用。

　6. 出货阶段

　　出货阶段是主力坐庄过程中最为关键的一环，当然也是比较难的一环。主力如果能够顺利地完成高位筹码的换手兑现利润，那对散户来说一定是场灾难。一般情况下，被庄家抛弃的股票想要再有好的涨幅，那是非常难的事情。而出货之后股价就立即进入长时间的调整，这才是股价应该有的走势。出货阶段最为显著的特点就是放出巨大的成交量，股价高位宽幅波动，并且会在主力出货的时候出现明显的反转形态。

　　主力高位出货常用手法有拉涨停中出货、快速下跌中出货、高位震荡出货等。其中拉涨停出货是主力常用的手法，与下跌中出货不同的是，拉涨停中出货更显得容易些，可以在追涨盘的支撑下疯狂甩出大量筹码。而快速下跌中出货的杀伤力就比较大了，散户只要很短的犹豫就会造成大量损失。而如果下跌中抛盘巨大，主力也很可能遇上连续跌停的情况，使自己也不能够顺利地出货。那么是什么原因使主力选择这种下跌中出货的呢？就是因为主力的获利比较丰厚，只图短时间内出货而不顾市场能否承受住巨大的抛盘。高位震荡出货也是主力在维持股价的基础上，在每一次波段拉升的高位完成出货。震荡出货持续的时间比较长，主力在不知不觉中就卖出了手中的筹码。当市场开始下跌时，这样没有主力操盘的股价一定会破位下跌。

　　如图 4-11 所示，渝开发股价见顶下跌后，均笔成交量（图中 F 段所示）显然再次放大。放大的均笔成交量与股价见顶下跌初期的萎缩状态形成了非常鲜明的对比。当然同主力在图中 E 段建仓时放得非常大的均笔成交量也是非常不同的。主力在股价初始上涨时，用大量的资金来建仓和拉升是理所当然的，而主力在出货时是需要选择时机的，短时间抛售大量股票，市场是承受不住的。如果无意中抛售大量股票，致使股价在短时间内大幅度地下跌，那么主力也不可能全身而退。

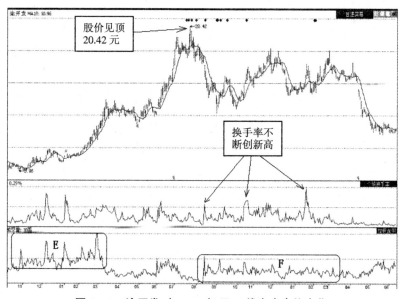

图 4-11　渝开发（000514）日 K 线主力高位出货

　　这样说来，在出货阶段不断连续放大的均笔成交量和换手率，正是主力选择恰当的时机出货的表现。也只有像这样缓慢出货，才能够达到预期的效果。在指数从熊市快速转为牛市时，主力建仓的过程就像是饥不择食的饿狼一样，生怕股价上涨过快失去了底部建仓的机会。而在股价见顶回落后，主力在无法拉升股价时，暗中不断地放量出货就成为主力最好不过的选择了。

出货时主力一般都采取"温水煮青蛙"的策略，在长时间的震荡和横盘中完成出货的动作，也只有这样才不至于使散户恐慌性抛售股票，给主力自己造成损失。

第三节　主力对倒手法的解析

所谓对倒就是主力采取自买自卖的手段，完成对股价的控制。例如，主力想要股价下跌时，就会用大量的筹码以低于委托卖价的单子很多的价位卖出手中的股票，并且以相同的价位委托买入几乎相同笔数的股票，狂扫中间的众多委托盘，使股价在短时间内达到破位下跌的目的。而如果主力想要快速地拉升股价，也可以在高于买价很多的价格上委托买入大量的股票，而在此价位上又委托卖出几乎相同笔数的股票，这样股价就会在瞬间内被拉升到这个价位了。

对倒手法经常在主力对股价的拉升过程中实施。因为在很多的时候，主力即便想先建仓后再拉升股价，但是市场已经进入明显的上升趋势中，这样主力就失去了控盘的机会。失去控盘机会的主力肯定不会轻易放弃拉升股价的机会，那么选择对倒拉升就是比较理想的。不管主力是因为什么原因（如市场运行趋势判断错误、资金紧张、上市公司长时间持续停牌、板块联动上涨等），失去了建仓的最佳时机，在上升的行情中抓住股价上涨带来的盈利行情是比较现实的。那么有什么办法能够不需要控盘即能够拉升股价呢？那就是对倒拉升手法。采用对倒拉升手法，主力只需要在盘中自己买卖股票，造成价涨量增的假象，散户看到这种现象就会自动进入市场开始抢购筹码。这样一来，最初由主力对倒拉升的股价，在散户的大量涌入后，却被散户拉升起来了。主力只是消耗了少量的资金就达到了拉升股价的目的。节约资金成本不说，主力还获得了不小的投资收益，可以说是两全其美。

除了拉升中经常出现对倒手法外，建仓阶段也会有对倒手法。通过长时间的对倒，使股价在比较低的位置徘徊，利于主力收集廉价筹码，完成建仓过程。

　　主力在洗盘阶段对倒，使股价短时间内破位下跌，筹码在散户之间不断地换手，这样浮筹就轻易地被主力清除出去了。在洗盘阶段放量下跌的对倒，也可以给投资者一种主力出货的假象，造成散户恐慌性抛售股票。或者说如果主力愿意，不断地在震荡中拉升和打压股价，散户会在股价拉升的阶段性高位出现抛售的行为，这是由于多数散户有见顶出货的心理。

　　出货是主力兑现利润的唯一手段，如何在股价的高位实现换手，是摆在主力面前的重要事情。通过对倒拉升股价既不会增加拉升的成本，又可以在股价上涨的过程中不知不觉地撤出市场。

　　如图 4-12 所示，百利电气在 2008 年底创下最低价格 4.08 元后，还未经过像样的横盘整理就被强行拉升上去。参考当时上证指数的走势就可以看出，股票的回升走势是受到了指数的影响。图 4-13 上证指数的日 K 线在反转上涨时，并未出现非常大的调整，就顺利地进入了上升的势头中。

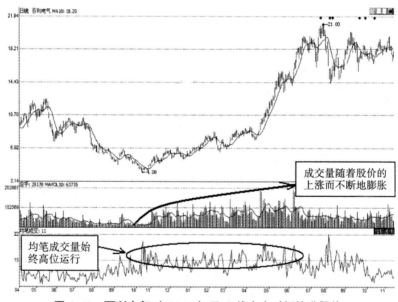

图 4-12　百利电气（600468）日 K 线主力对倒拉升股价

　　正是因为当时指数这样疯狂的反弹，才造成了百利电气的股价没有经过横盘整理的过程就径直地被拉升上去。没有横盘整理的过程，主力想要获利就只有两种办法，要么在股价上涨的过程中完成建仓，要么使用对倒的手法拉升股价。在这个例子中，主力选择的是对倒拉升的手法。从图中的不断缓慢放大的成交量就可以看出，其实主力的来回对倒拉升一直持续到了股价见顶的时候。该股在见顶最高 21 元后，总的成交量已经在高位萎缩了。

本例中主力对倒拉升的另外一个证据就是，图中显示的均笔成交量并没有出现非常明显的放大和萎缩现象，而是在一个范围内反复不断地震荡。这说明主力的资金进出该股非常频繁，但是又非常有节奏。不温不火地对倒拉升股价时，均笔成交量就会不温不火地放大缩小。主力在拉升股价的过程中，不断在股价拉升到高位时出货，而在股价下跌到低位时重新买回被抛售的股票，这样就可以在来回的对倒中获得丰厚的收益。

图 4-13　上证指数日 K 线图

如图 4-14 所示，百利电气的日 K 线图显示，在股价被拉升时，显然主力动用了大量的资金。图中的总成交量和均笔成交量不断地放大都说明了这个问题。因为没有像样的建仓过程提供给主力，这时候放量对倒拉升股价是必须有的过程。不断地对倒拉升使股价上涨到高位，主力在高位出货获得投资收益，然后散户自己卖出手中的股票，股价随之缩量下跌，主力在股价下跌到底部时再买入股票，同时将股价拉升。对倒拉升的过程就这样反复地持续下去。

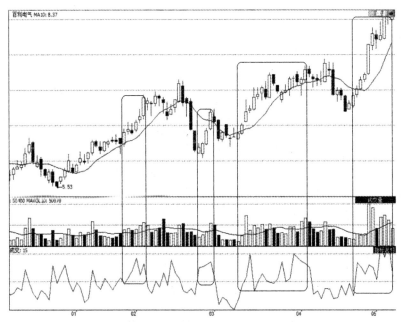

图4-14　百利电气（600468）日K线主力放量拉升股价

如图4-15所示，百利电气在被主力拉升时，每一次的价格高位对应的换手率都是非常大的，而均笔成交量也是在高位运行。显然主力每一次的拉升股价后，就急于出货。均笔成交量放大是主力进出股市的证据，而高位放大的换手率正是出货所必需的条件。

如图4-16所示，百利电气的日K线图中，主力在拉升股价的途中采用对倒手法打压股价。在对倒的过程中，均笔成交量非常显著地萎缩了。这时萎缩的成交量恰好说明散户自己在卖出股票，主力只要在股价下跌到底部时再买回来，即可以在以后将股价再次拉升。股价在拉升途中主力洗盘的手法就是出货后任其自然下跌，或者在股价上涨到顶部后大量地出货，打压股价。不论是采取自然下跌还是打压股价的方式洗盘，主力都可以达到预期的目的。

图 4-15　百利电气（600468）日 K 线换手率变化

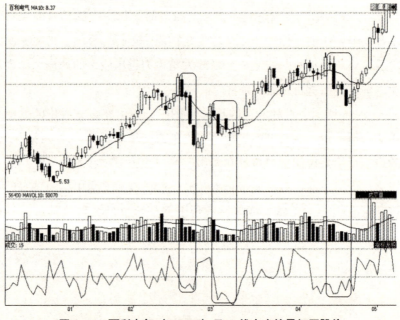

图 4-16　百利电气（600468）日 K 线主力缩量打压股价

第四节 主力轮炒手法的解析

主力之所以采用轮炒的手法拉升股价，是适应弱势市场的要求。因为在指数变化的各个阶段，有牛市和熊市之分，也有横盘整理的弱市和不断上涨或下跌的震荡市之分。牛市中，多数个股齐涨齐跌的现象还是可以持续的。而熊市或者横盘整理的弱市中，要想所有的个股一同上涨，几乎是不可能的。这样一来，主力寻找市场中的热点股票，有选择性地拉升股价，就是不错的选择。主力通过轮炒的手法拉升股价，可以集中力量打攻坚战，对某一种类型的股票大肆拉涨，但是不要求所有的股票都上涨。这样即使市场不太理想的时候，主力也可以收到不错的拉升效果。即使空头大军来打压股价，主力也能够应对自如。

采用轮炒的方式拉升股价，指数不会在短时间内出现下跌，而主力也可以把涨幅过大的股票卖出去。如此一来，采用轮炒的手法操作股票，不仅能够掩护主力顺利出局，而且重心不断上移的指数还可以为主力创造拉升股价的环境，主力可谓一举两得。

主力采取轮炒的手法拉升股价，一般都是在牛市的初期。熊市刚刚转为牛市时，众多的散户还对熊市一泻千里的股价心存恐惧。而股价真正开始上涨时，散户又开始怀疑市场能否延续上涨的势头。就在众多的散户采取观望的态度时，很多主力关注的热门股票已经开始上涨，或者已经有了很大的涨幅。

当然，即使主力采取轮番炒作的方法拉升股价，市场同样会有见顶回落的时候。市场刚刚进入上升趋势时，很多个股还有很大的上涨空间。而当多数个股轮番上涨过后，主力也就没有了较好的拉升机会，但是涨幅过大的股票倒是遍地都是。这样主力不约而同地在同一时间做空的时候，市场也就进入了调整阶段。同样的，如果股市经过了牛市之初的轮番上涨，牛市中期的多数股票一同上涨和牛市后期的多数股票都快速地放巨量拉升，那么市场也就没有了可以再次拉升的潜力股票，此时指数下跌的时刻也就随之而来了。

股价可以在少数个股的领涨下从熊市到牛市逐渐复苏起来；而指数也可以在众多个股的大幅度飙涨中再次进入长期弱势下跌的熊市中。

主力采取轮番炒作的手法，针对不同类型的股票会选择不同的时机进行炒作。如在国家大力支持消费的时候，寻找恰当的时机拉升消费类的股票；在国家出台控制稀有金属出口、支持企业兼并、抬高相关公司准入的门槛等相关政策时，炒作那些稀土生产企业的股票；而在国家不断出台支持电动汽车发展的政策时，炒作那些为汽车厂家提供蓄电池的上市公司的股票。

如图4-17所示，海南高速在2008年指数反转的初期，表现并不理想，但后期涨幅惊人。同每一次的股价反转一样，高速公路等运输类股票启动上涨总是很缓慢的，不到最后一刻难以有较好的表现。在2008年熊市过后，很多个股已经密集地连番上涨了，并且在涨幅过高见顶后无法再有更出色的表现，而这时候高速公路的股票才刚刚启动。像海南高速一样在2009年初启动的个股还有楚天高速、皖通高速等股票。如图4-18、图4-19所示为以上两只股票的周K线图。这两只股票与海南高速开始爆发上涨的时间是一致的，都发生在2008年底到2009年初的时候。这时也正是指数开始滞涨时，这样的高速类冷门股在最后的关头表现了一下。

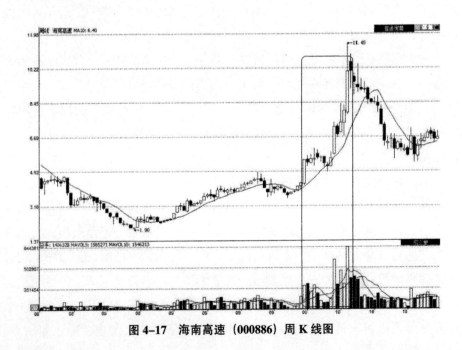

图4-17　海南高速（000886）周K线图

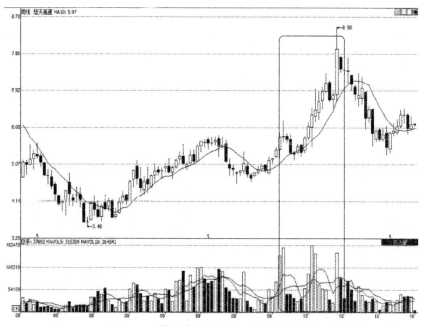

图 4-18　楚天高速（600035）周 K 线图

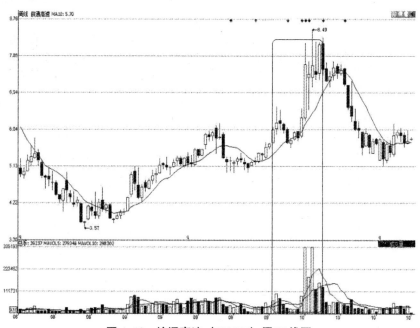

图 4-19　皖通高速（600012）周 K 线图

如图 4-20 所示，金地集团所属的房地产板块启动的时间是相当早的。早在 2008 年底到 2009 年初上证指数开始反转时，该股就已经开始上涨了。并且上涨的势头一发不可收拾，股价像在与时间赛跑似的涨到了顶部，并且跟随指数一起开始回落。可见主力采取板块轮炒的手法是非常鲜明的。

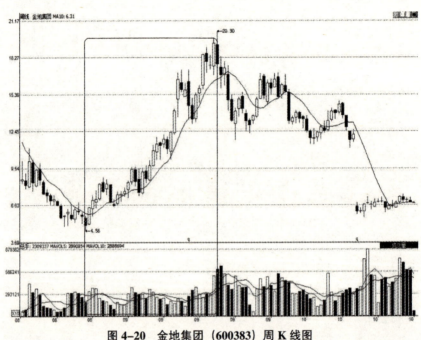

图 4-20　金地集团（600383）周 K 线图

如图 4-21 所示，万科 A 是与金地集团同为房地产板块的股票，上涨启动的时间也非常一致。这就体现了主力在拉升股价时侧重了轮番炒作的特点。可以说 2008 年底房地产板块的启动上涨，也是指数得以恢复上涨的重要原因之一。

如图 4-22 所示，从西部矿业的周 K 线图中可以看出，显然与西部矿业同属于采掘业的股票也是率先发动上涨攻势的板块。图中显示的该股持续上涨的时间一直持续到了 2009 年的 8 月才戛然而止。

图 4-21　万科 A（000002）周 K 线图

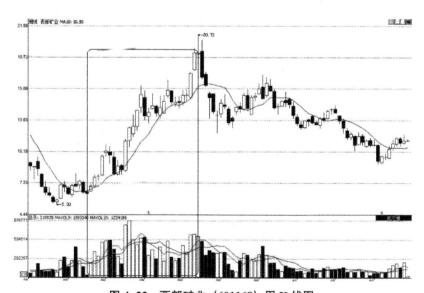

图 4-22　西部矿业（601168）周 K 线图

第五节　主力短炒过程的解析

相比轮炒的手法，主力采用短炒的手法在炒作规模上要小得多，一般不会形成大规模的拉升炒作，只是在局部的某个题材上大做文章。短炒手法涉及的主要题材有以下四种：借助资产重组，不断地来回炒作个股；借助订单增加，大幅度炒作某只个股；借助业绩预增预盈，短时炒作个股；借助国家大力倡导和支持的新能源题材，不断地大肆炒作。具体的炒作过程如下：

一、资产重组的炒作

短炒过程中的资产重组炒作是一个很大的炒作方面。在上市公司的重组事宜等待审核的过程中，主力的大肆进行炒作，是非常容易获得散户认可的。主力越是拉升股价，散户追涨的热情就越高涨，最后就形成了主力和散户一同做多目标股票的现象。

中国重工是一家很典型的资产重组上市公司。该公司从 2010 年 5 月 7 日因为资产重组事项而开始停牌，一直到 2010 年 7 月 16 日才开始进行正常的股票交易。停牌前的一个交易日，即 5 月 5 日，该股以涨幅 9.33% 的几乎是涨停的价格收盘。说明其炒作的过程从停牌前就已经开始了。细心的散户从图 4-23 可以看出该股在停牌前已经有了连续三天的上涨。

中国重工在 2010 年 7 月 16 日复牌后，股价走势先抑后扬，到了 8 月 19 日已经暴涨到了 9.20 元的价位。究其原因都可以归结为公司重组事宜的顺利进行，在中国重工的资产重组中，囊括了多家优质军工企业的相关业务。重组的相关公司包括大船重工、渤船重工、山船重工、北船重工四家公司。尽管相关的资产经过了军民分线，但是已有绝大多数的造船、修船业务注入了上市公司中。其中渤船重工的业务重点在于其核电 AP1000 主管道，是国家大力扶持发展的自主知识产权项目，预期盈利是有保障的。而大船重工的业务中值得称道的是其海上风电安装公司，其海上风电安装船拥有全球领先的业务水准。

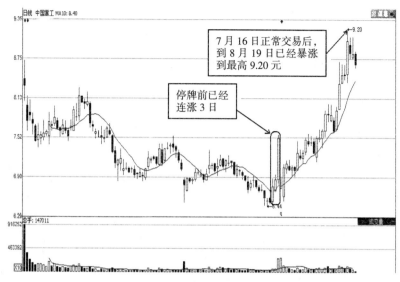

图 4-23　中国重工（601989）日 K 线图

中国重工重组后的业务将形成造船、修船、海洋工程、船舶配套、军工和能源装备五大块。并且公司的业务预期会在军用船舶、民用船舶以及新能源增长的带动下有所增长。

二、订单增加的炒作

主力在短期的炒作手法中，对上市公司订单的炒作也得益于对公司盈利的良好预期，在公司良好的盈利前景下不断拉升股价创新高。

熊猫烟花就是一只典型的牛股。在 2009 年的国庆节以前，确切地说是在 7 月 29 日之前该股还像是一只沉睡的小老鼠，但是从 7 月 30 日开始就以涨停的方式拉升，"老鼠"变成了"雄狮"。之前股价平常无奇的走势中，谁能够想到其今后会有爆发性的上涨势头出现呢？究其原因主要是良好的业绩预期。当然，国民收入的显著增加、消费能力的大幅上涨也为每年的春节、"五一"、"十一"、圣诞等节日的烟花销售敞开了大门。如此良好的预期，主力大力拉升熊猫烟花也就不足为奇了。

如图 4-24 所示，从熊猫烟花的日 K 线图中可以看出，该股在 2009 年 7 月 30 日涨停以来，主力又连续地拉出了四个涨停板的涨幅。这样在图中的 B 段内股价从 11.40 元附近连续拉升到了 18 元附近的高位，上涨幅度几乎达

到了 60%。这时显然抛售的压力已经非常大了，每天的换手率更是高达
20%~30%的幅度。能否顺利地进行换手、减小散户抛售的压力关系到主力今
后能否再次拉升股价。

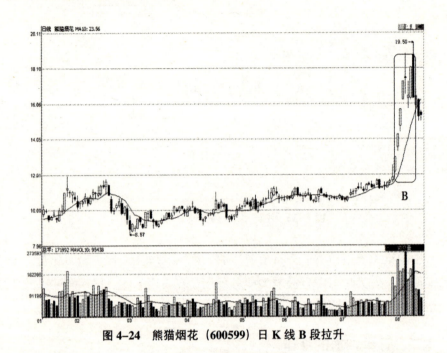

图 4-24　熊猫烟花（600599）日 K 线 B 段拉升

由图 4-24 中可以看出，下跌的幅度相对涨幅来说还不算太大，并且在
缩量下跌后出现了明显的企稳迹象，表明主力还没有失去继续拉升股价的
信心。

如图 4-25 所示，从熊猫烟花的日 K 线图中可以看出，股价经过一番短
时间的缩量整理后再次放量大涨。这一次 C 段主力拉升股价也达到了三个涨
停板，股价从调整之后的 16 元附近上涨到了 24 元附近，第二次拉升累计涨
幅高达 50%。

该股在 C 段被拉升后又一次进入了缩量调整的趋势中。调整中筹码在高
位又一次经过了充分的换手。从图中单峰密集的筹码分布形态可以明显地看
出来，获利盘的出货以及新股民的进入都为主力再次拉升股价创造了机会。
同时，大涨后股价高位震荡整理潜藏了巨大的持股风险。一旦股价跌破筹码
集中的区域，下跌的趋势将会是不可逆转的。

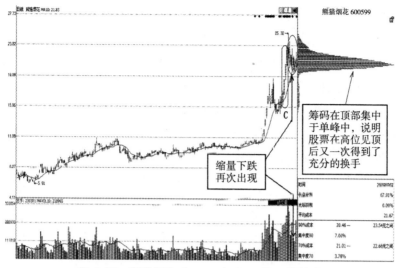

图 4-25 熊猫烟花（600599）日 K 线 C 段拉升

如图 4-26 所示，主力在 C 段拉升股价后，紧接着 D 段的拉升也在调整后顺势展开。只不过这次的拉升并不是很大，只有两个涨停板的涨幅，股价就开始了下跌。区区两个涨停板的拉升与其前边 B 段、C 段的四个、三个涨停板相比较分别少了两个和一个。而从成交量上看，主力在 D 段的拉升也并未出现放大的成交量。D 段拉升的成交量只是与 C 段的成交量持平而已。

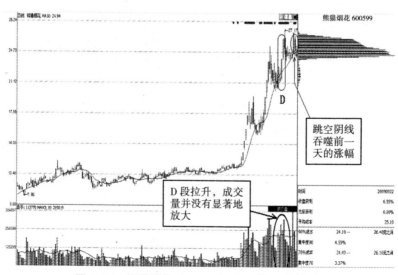

图 4-26 熊猫烟花（600599）日 K 线 D 段拉升

在这次拉升后，很重要的一点是，股价调整时再次出现了放量打压的现象，但是第二天就出现了一根跳空下跌的阴线几乎将涨幅全部吞噬。并且这一涨一跌两天的换手率分别高达53%和34%。如果不是主力出逃、获利盘高位出货，出现这样大的换手率几乎是不可能的。既然主力已经出货，那么散户也就没有必要再持股了，即刻卖出股票是比较好的选择。

如图4-27所示，熊猫烟花的日K线图为主力三次拉升股价后的走势。股价从最初的11元附近拉升到了27元附近，累计上涨幅度高达145%。

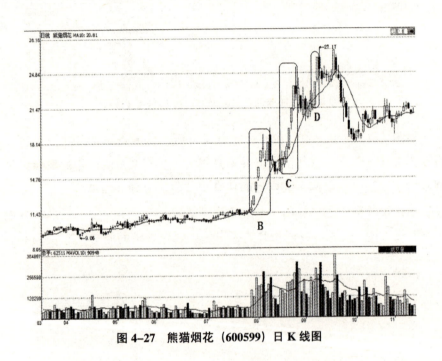

图4-27 熊猫烟花（600599）日K线图

三、业绩预增预盈的炒作

预增预盈是指上市公司在未来一段时间中获得的营业收入、净利润等能够大幅度地上涨。主力炒作预增预盈的股票时也是有选择性的，像那些国家大力扶持的低碳行业、新能源行业，具有增值潜力的稀土行业、锂电池行业等，更能够成为主力的首选目标。业绩暴涨的小盘股票、价格被低估的暴涨股票也会很容易成为主力拉升的股票。

如图4-28所示，从中钢天源的日K线图中可以看出，该股在2010年7

月 23 日被主力连续拉了两个涨停板。涨停之后，该股高位强势整理完成后又在 2010 年 8 月 20 日拉出了一个涨停板。连续的涨停背后是以该公司中报业绩的暴涨作为后盾的。据了解，2010 年中钢天源每股收益上涨 600%，净利润暴涨 490%，如此高的业绩涨幅再加上公司是永磁铁的重要生产企业的这一背景，成为主力拉升的对象也就不足为奇了。

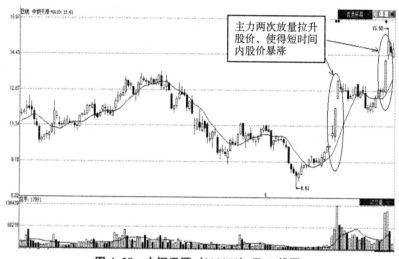

图 4-28　中钢天源（002057）日 K 线图

资料显示，中钢天源生产的四氧化锰不仅达到了国内先进的水平，而且达到了国外同类产品的指标要求，满足了国内宝钢、马钢、鞍钢、武钢等大型钢铁企业的巨大产品需求，并且远销到印度、越南、东南亚等国家和地区。该公司的四氧化锰产品在国内占据了 30% 以上的市场份额。

除此以外，中钢天源的大股东是国内数一数二的钢铁公司综合配套服务提供商。中钢集团近几年的收购事项频繁，先后被重组的公司包括吉林炭素、邢台机械轧辊集团等公司。而中钢集团整体上市计划已经报国务院审批通过，其中中钢天源的独立性不会受到影响。可以预见该公司未来的业绩还会有不错的增长预期，这样理应受到主力的关注，不断被炒作也是符合逻辑的。

如图 4-29 所示，从东阳光铝的日 K 线图中可以看出，该股在上证指数 2010 年 4 月 15 日开始下跌以来（如图 4-30 所示），也出现了短时间的破位下跌，但是持续时间不长就企稳上涨。上涨过程中成交量被显著地放大了许

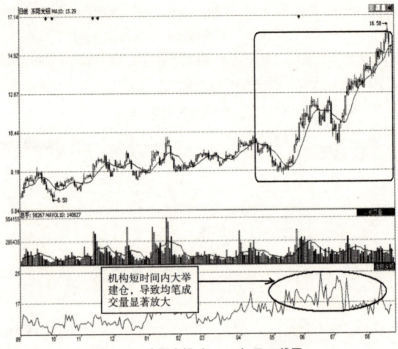

机构短时间内大举
建仓，导致均笔成
交量显著放大

图4-29　东阳光铝（600673）日K线图

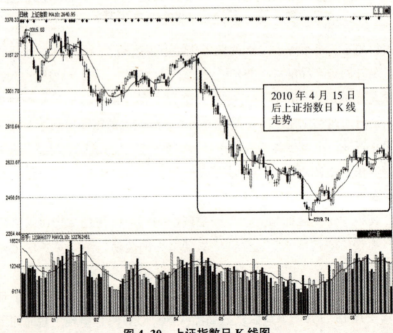

2010年4月15日
后上证指数日K线
走势

图4-30　上证指数日K线图

多，均笔成交量更是不断在高位运行，显然主力在弱势下跌的市场中突然开始了建仓的动作。

对比图 4-30 的上证指数走势可以明显地看出，东阳光铝的走势明显要强于大盘很多。为何主力会在这个时候突然介入该股呢？原因很简单——预增大涨的中报预期。事实上在该股启动时，主力应该早已对该公司做了深入的调查。等业绩预增公告出炉，真实的业绩水平出现在投资者面前时，股价早已经高高在上了。实际上，该公司 2010 年中报证明净利润大涨 638%。如此，主力的事先大举建仓炒作该股不是没有依据的，显然主力已经很清楚该公司业绩大增的事实，然后才敢于在指数下跌时，逆市建仓并拉升该股。

四、新能源题材的炒作

新能源领域的电动汽车领域率先走在研发生产前沿的万向钱潮，就是主力广泛关注的股票之一。早在 1999 年万向集团开始启动电动汽车研发以来，公司累计投入了 4.5 亿元的资金，虽然十年间基本上未盈利，但是其在研发过程中积累的相关产品的技术储备是一般的公司难以在短时间内超越的。

万向全资控制的万向电动汽车有限公司已经实现了动力电池的产业化，并且通过了国家车用电池检测中心的检测，通过了 UL、CE、ISO9000 等产品和生产体系的认证。公司 2009 年 4 月 25 日投资 13.65 亿元建成了万向纯电动汽车锂电池生产基地。到目前为止，公司生产的聚合物锂离子动力电池已经实现了从电池单体技术向电池成组电源技术的跨越，成本相比 5 年前也降低了一半。

如图 4-31 所示，从万向钱潮的日 K 线走势图中可以看出，该股从 2010 年 3 月 25 日开始启动以来，已经上涨至 2010 年 8 月 24 日的最高 14.70 元，累积上涨幅度高达 80% 以上。在牛市中指数大涨是不用大惊小怪的，但是如果投资者观察一下当时的指数变化就会发现一些不寻常的东西。从图 4-32 所示的上证指数日 K 线图的变化中可以明显地看出，指数从 2009 年 12 月的 3315 点大幅度下挫到 2600 点附近，跌幅达到 20% 之多。如果不是牛股的话，怎么也不会跟指数的走势相差如此之多。原因只有一个，就是主力相当

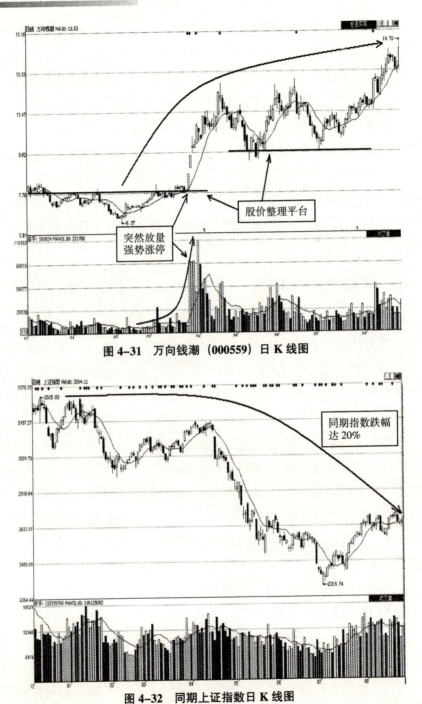

图 4-31　万向钱潮（000559）日 K 线图

图 4-32　同期上证指数日 K 线图

看好这只新能源股票，并且用大量的资金完成了建仓。即使指数下跌也没能够阻挡这只股票的逆市上行，并且最终大涨了80%之多。

第六节 龙头股的示范效应

龙头股就是可以在市场走好时，能够对相同板块或者相似炒作概念的个股起到领涨作用，其上涨具有示范性作用的股票。不仅如此，龙头股还可以对其他相关行业的股票，起到领涨的作用。在指数轮番上涨时，热点板块不断地转换，起到领涨作用的龙头股票也会轮番上攻，号召相关个股也不断地创出新高。

首先，市场好转的时候，不是任何一只股票都能够成为龙头股的，其形成也要具备一定的客观条件。如龙头股价在冲刺上涨前一定会有很高的换手率，即使没有比较高的换手率也应该有持续很长时间的相对高的换手率。因为换手率高，说明股票的交易比较活跃；且主力想要建仓也是需要换手率增加的配合的，这样股票才能够从散户的手中转移到主力的手中。此外，比较高的换手率也是主力拉升前洗盘时必须有的条件。

其次，成为真正的龙头股的前提是，这只股票所属的上市公司的业务一定是受到国家产业政策大力扶持的。国家大力支持发展的行业，股价预期的投资收益一定会不错的，即使是那些相同行业中业绩平平的上市公司。而能成为龙头股的上市公司，公司盈利能力成倍增长是有可能的。

当然，不论上市公司题材有多么的好，国家对其涉及的产业有多么的关照，主力没有大量建仓股价也是不会有多大涨幅的。不管指数是否上涨或者市场中的个股的走势如何，主力能够大力购买的股票，就是相当看好其后市的，成为龙头股的可能性也就较大。这种放量购买股票的现象，在牛市中可能不值得引起投资者的注意，但是在熊市中被放量买入的个股，今后的上涨潜力一定是非常巨大的。熊市中，指数在中途的每一次横盘整理都是主力建仓的大好机会，龙头股很可能已经被主力关注。

在判断某只股票是否有主力参与其中时，投资者可以参考均笔成交量的变化。一般主力大力建仓的股票，均笔成交量会是不断放大的。因为主力想要建仓买入股票，成交量是必须要放大的，尤其是主力不能够掩饰的均笔成交量的变化。主力资金庞大，就算是缓慢地长时间建仓，其均笔的成交量也要比一般散户大很多。

如图 4-33 所示，从德赛电池的日 K 线图中可以看出，该股的走势绝对算得上大牛股所为。在指数下跌时，该股也出现下跌调整的走势，但是调整的幅度并不是很大。而指数一旦开始上涨，肯定会有德赛电池的大涨紧随其后。为什么会出现这样的情形呢？显然龙头股的地位就决定了这只股票的走势不会一般。

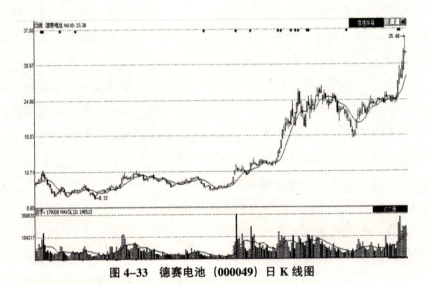

图 4-33　德赛电池（000049）日 K 线图

该公司的业务范围是专门生产电池的。而电池又是国家发展电动汽车产业不可或缺的动力来源。在国家政策大力扶持下的新能源汽车概念股票，在个股上涨时显然不会落伍。

如图 4-34 所示，从包钢稀土的日 K 线图中可以看出，上涨的趋势不温不火，只存在短时间的调整，却没有深幅的回调出现。公司不仅是稀土行业的龙头企业，更是集永磁概念、新能源汽车概念、锂电池概念和新材料概念于一身的企业。同时公司还是沪深 300 指数中非常重要的一只明星股票。作为稀土行业老大的包钢稀土受益于国家整顿稀土行业、提高稀土行业准入门槛等利好因素的影响，稀土的价格有望持续性走高，而公司业绩也会有无限

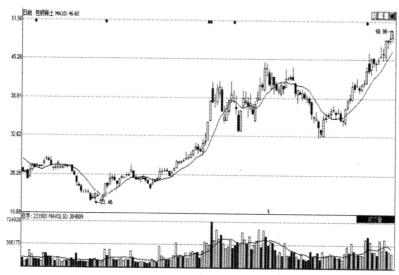

图 4-34　包钢稀土（600111）日 K 线图

的上升空间。

　　事实上，包钢稀土 2010 年中报中显示，其每股收益大涨 628%，净利润
也大涨 627% 之多。良好的行业背景加上包钢稀土不错的基本面，奠定了该
股成为大牛股的基础。

第五章　通过 K 线形态发掘短线机会

第一节　常见 K 线形态的意义分析

一、常见 K 线形态

1. 底部十字星

十字星是一种只有上下影线，却没有实体的 K 线图形，即开盘价和收盘价处于同一价位上。十字星形态一般都表示盘中多空双方的力量势均力敌，最终以开盘价格收盘。

根据十字星的上下影线的长短，可以把十字星分为上下影线都很短的小十字星、影线较长的大十字星和 T 字星、倒 T 字星以及一字星等。上影线比较长的十字星表示空方的力量更强大一些，而下影线比较长的十字星表示多方的力量更强大一些。出现在股价底部的下影线很长的十字星，一般都有看涨的意味。下影线长说明开盘后股价在盘中不断地探底走低，而收盘时却出现了转机，股价上涨收复了下跌的损失。

图 5-1　底部十字星

2. 低开大阳线

股价在下跌的过程中，底部的构筑不是一朝一夕就能够轻易地完成的。做短线的投资者一定会有这样的经验，不断地在股价恍惚要见底的时候买入，但是总不会是股价的真正底部。股价筑底时最容易低开高走，在底部真正形成之前出现一些小阳线形态。特别是在股价大幅度低开后，盘中股价不断地被投资者推高上涨，虽然收盘时涨幅并不大，甚至出现了小幅度下跌的现象，但是从日K线上看，已经是一根实体很长的大阳线了。尤其底部出现低开后大涨的大阳线形态时，往往预示着股票真正的底部也就形成了。

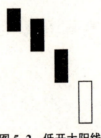

图 5-2　低开大阳线

3. 红三兵

红三兵的特点就是，每一根阳线的开盘价格都在前一日阳线实体的内部，阳线的收盘价格接近当日的最高价格，并且阳线的收盘价是依次增大的。

三根阳线的收盘价格依次增大，红三兵形态在股价由下跌转为上涨的初期，是经常可以看到的一种K线组合形态。红三兵的出现表示市场的强势特征开始显现，股价已经进入到明显的上升趋势中。红三兵明显的特征是连续出现三根中阳线或者大阳线，收盘价格总是能够在开盘价格之上。从红三兵的收盘价格大小来看，若三根阳线的收盘价格连续地创新高，则更能够说明市场的多头趋势明显，后市股价明显看高一线。

一般地，股价的底部出现红三兵K线形态后，在接下来的几天会有很明显的放量上涨状况出现。投资者可适当买入或持股待涨。

图 5-3　红三兵

4. 上升三部曲

股价在上涨的途中，经过一根大阳线上涨后，连续出现了三根小阴线。小阴线下跌的幅度非常小，而且没有跌破大阳线的开盘价位，从成交量上看也是明显萎缩的。这样说明空方的力量十分有限，下跌幅度不仅非常小而且无量配合。而出现大阳线的时候，却出现了明显的放量大涨的现象。这说明多方的力量是非常强大的，能够在调整之后放量突破上方的阻力。

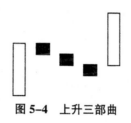

图 5-4　上升三部曲

5. 多方炮

多方炮形态是一种 K 线组合形态，形态特征是两根阳线中间有一根阴线。两根阳线和中间的一根阴线组成多方炮的炮台，多方炮开始开炮时也就是股价上涨时。

多方炮形态出现后，股价能否顺利上涨还要看后市股价的表现。若形态出现后，股价能够放量上涨，则表示多方炮形态对多方来说是有意义的。多方炮出现后股价能够跳空上涨，更能说明市场的强势特征。

市场中陷阱很多，即使出现明显的多方炮 K 线形态，但如果没有放出炮，就会形成多头陷阱，投资者要警惕。很多时候，个股在跟随股价上涨时会形成多方炮形态，但是不管是主力有意为之或者根本就是散户追涨所致，多方炮形态都有可能成为空方设置的多头陷阱。

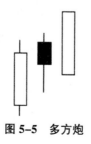

图 5-5　多方炮

二、K线形态的确认方法

1. 底部十字星确认

确认为底部十字星的前提是股价已经持续了三天以上的下跌趋势，之后才出现十字星。并且十字星的开盘价格接近前一日的收盘价格，而十字星的实体又非常小。十字星出现的第二天即出现放量上涨的中阳线或者大阳线，这样底部十字星的 K 线形态才能够基本上被确认，股价从空头向多头市场的反转过程基本上也就被确认了。

2. 低开大阳线确认

股价在长时间的下跌过程中，已经出现过一波调整的行情。接下来出现了真正的见底之前的最后一跌。最后一根大阴线后，第二天股价低开，盘中稍微调整就开始上涨了。最终收盘时，从日 K 线上看是一根几乎光头光脚的大阳线。大阳线虽然跳空低开，但是收盘价格接近或者超过了前一天的大阴线的收盘价格。大阳线当日对应的成交量必须是有效放大的，而接下来的一天股价又是放量上涨的阳线。之后股价反转的形态就可以基本上被确认了。

3. 红三兵确认

红三兵形态的三根阳线中，后两根阳线可以下跌开盘，但是下跌的幅度不能超过前一根阳线的实体。还有一点就是，被确认为红三兵形态的后两根阳线的收盘价格应该是不断上涨的，只有这样才能够说明多方力量是比较占优势的。三根阳线的收盘价格在当日应该是比较高的位置，即当日最高价附近。

4. 上升三部曲确认

上升三部曲出现的位置是在股价上涨的途中，明显的特征是两根连续放量的大阳线，两根阳线之间又夹着三根或者是多根缩量下跌的小阴线。全部阴线的收盘价格需要在第一根阳线的实体内；第二根大阳线的开盘价格一般会在最后一根小阴线的收盘价格之上，收盘价格会超过第一根大阳线的收盘价格。投资者可以发现如果上升三部曲中的小阴线整合为一根阴线，就成为多方炮形态了。

5. 多方炮确认

多方炮形成的前提条件是前期有一波下跌的行情出现，并且股价有企稳的迹象后才会出现多方炮 K 线形态。多方炮的第一根阳线一定是在放量的情况下出现的，并且一般顺利地突破了重要均线的压制，创股价反弹的新高。而大阳线之后出现的阴线需要成交量萎缩，股价的下跌幅度在阳线的实体之内。阴线之后出现的大阳线的收盘价格一定要比第一根阳线的收盘价格高，成交量上也要适当地放大（但不是巨量）。这样如果多方炮出现后，股价能够适当放量上涨收盘出现阳线，那么这一形态就是比较成功的看涨 K 线形态。

第二节　不同 K 线形态下的短线机会

一、短线机会实例

1. 底部十字星

如图 5-6 所示，在西水股份的下跌途中，股价不断地创新低。但是该股在 2010 年 5 月 24 日除权后下跌的速度有所放缓，并且出现了久违的横盘整理行情。这次横盘整理中，股价的涨幅虽然不大，但是已经明显止跌了。只不过这次的止跌企稳还不能够说明股价真正的见底。横盘整理后不久，该股又随着当时的指数一起开始下跌。从图中的成交量再次萎缩和股价跌幅收窄可以看出，股价再次破位下跌的空间已经不大。

如图 5-7 所示，西水股份在不断地缩量下跌中，出现了一根非常小的十字星 K 线形态。从图中放大的图形中看出，十字星的收盘价格几乎与前一日的收盘价格持平。这说明缩量下跌的股价已经跌无可跌了。那么股价能否在缩量中见底回升呢？这就要关注第二天的 K 线形态和成交量的变化情况了。倘若第二天股价能够放量上涨，并且突破重要的均线或者吞没前边几根 K 线，那么股价的反转就可以确认。

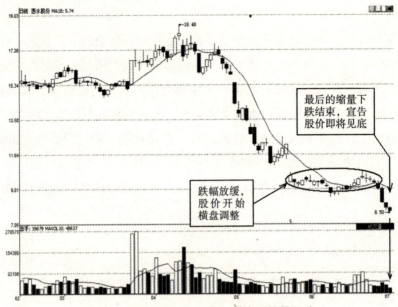

图 5-6　西水股份（600291）横盘后缩量下跌

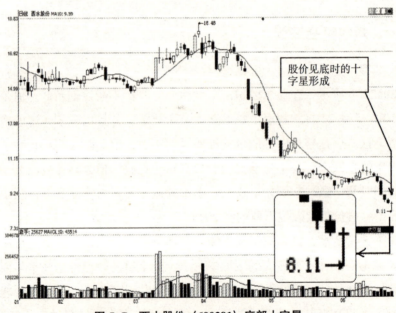

图 5-7　西水股份（600291）底部十字星

如图 5-8 所示，西水股份的日 K 线图显示，该股底部出现十字星后，一根放量成交的大阳线明显地突破了前边多根阴线形成的下跌趋势，当日大阳线一举达到 10 日均线之上。既然成交量已经明显放大了许多（三倍以上），而且股价将前边的三根 K 线全部吞没，投资者再也没有理由等待了，买入股票将会获利丰厚。在本例中，该股正是在出现底部十字星后，放量突破开始上涨趋势的。

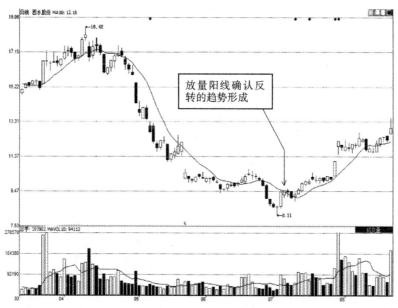

放量阳线确认反转的趋势形成

图 5-8　西水股份（600291）底部出现十字星后反转上涨

2. 低开大阳线

如图 5-9 所示，鼎盛天工在 2010 年初跟随指数的调整出现了破位下跌的走势，但是下跌途中的成交量不断萎缩恰好就反映了投资者的观望态度。而股价的下跌幅度不断减小，则说明市场中看空的投资者已经对下跌的股价持怀疑态度，或者说已经有少数投资者可能在暗中买入股票了。

如图 5-10 所示，从鼎盛天工的日 K 线图中看出，延续跳空下跌的股价突然在 2010 年 5 月 21 日低开后放量大涨，并且一举吞没前边两根大阴线，说明这根放量大涨的阳线一定程度上确定了股价上升的趋势，后市看涨。

图 5-9 鼎盛天工（600335）缩量大跌

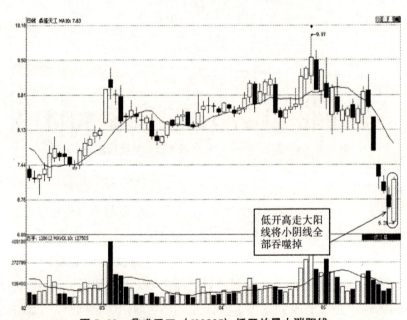

图 5-10 鼎盛天工（600335）低开放量大涨阳线

如图 5-11 所示，从鼎盛天工的日 K 线图中可以看出，低开大阳线后又是一根放量的大阳线，那么毫无疑问该股已经是多头力量占据上风了。上涨途中任何一个位置都是投资者买入股票的绝佳时机。

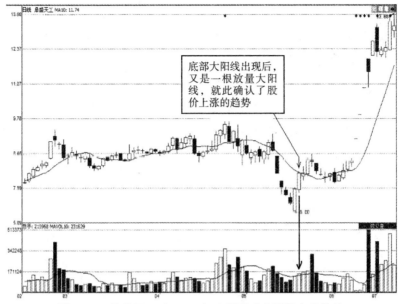

图 5-11 鼎盛天工（600335）大阳线确立股价上升趋势

3. 红三兵

如图 5-12 所示，从天科股份的日 K 线图中可以看出，股价下跌中连续破位，明显的缩量三根大阴线使股价达到了超跌的程度。之后底部出现的一根十字星和缩量红三兵使股价触底反弹后开始横盘整理。虽然出现了三根阳

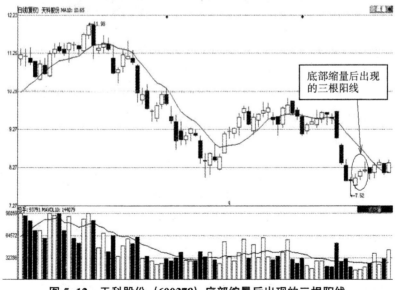

图 5-12 天科股份（600378）底部缩量后出现的三根阳线

线，但是成交量却是萎缩的，所以并不能算是真正意义上的红三兵形态，能否上涨还要等待股价的进一步确认。投资者可以暂缓买入股票。

如图 5-13 所示，天科股份的日 K 线图中继续出现了三根连续的阳线形态，随着这三根大阳线实体长度不断地增加，成交量也上升到了一个新的高度。这样，这三根放量的阳线可确认为我们所说的红三兵形态。投资者可以在这时买入股票，等待股价的上涨。

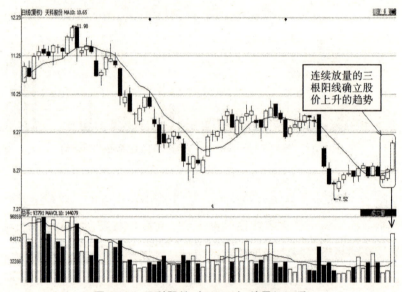

图 5-13 天科股份（600378）放量红三兵

如图 5-14 所示，天科股份出现底部放量红三兵后，股价进入连续上涨的趋势中，并且一发不可收拾。可见红三兵形态在确立股价的上升趋势时还是非常有效的，有红三兵在股价底部作为支撑，股价就有了持续上涨的动力。

4. 上升三部曲

如图 5-15 所示，从芜湖港的日 K 线图中可以看出，经过底部的震荡整理后，该股重新企稳并开始上涨。图中可以看出股价上涨时出现一波上升三部曲的变形 K 线组合形态，即两根放量的大阳线中间夹着七根很小的 K 线。股价在放量上涨出现阳线时成交量表现出明显的放大迹象，而中间出现小的 K 线时却是缩量状态。如果把中间的七根小的 K 线近似看成缩量下跌的小阴

图 5-14 天科股份（600378）放量红三兵后股价走势

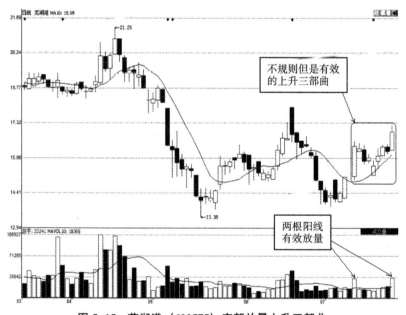

图 5-15 芜湖港（600575）底部放量上升三部曲

线，那么这就是一个标准的上升三部曲了。

如图 5-16 所示，芜湖港在底部出现上升三部曲后，第二天股价随之小幅调整，当日股价小幅度下跌了 0.95%。这时候出现下跌是比较健康的，是大涨后必要的调整，并不妨碍股价的上涨势头。很多情况下股价在突破上涨后，只有不断地调整才能够有不断上涨的动力，并且很多的牛股都是在大涨和小幅调整之间不断地创出新高的，投资者不必对股价的调整惊慌失措。

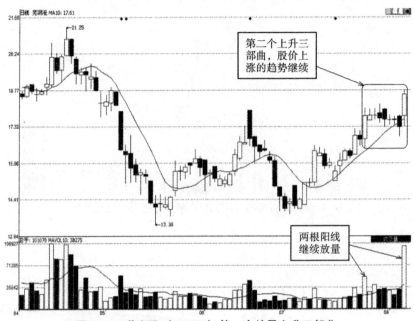

图 5-16　芜湖港（600575）第二次放量上升三部曲

从图中可以看出经过一天的小幅调整，该股再次出现了上涨的势头。并且上涨中出现了相当明显的上升三部曲 K 线形态。这样在连续的两个上升三部曲的作用下，股价的上涨趋势进一步加强了。

在应用上升三部曲时，投资者应该主要关注这个 K 线组合形态中是否有两根大阳线，并且在两根大阳线中都出现了放量的现象。如果是两根连续放量上涨的大阳线之间夹杂着众多缩量小幅下跌的小阴线，那么上升三部曲形态就基本上确立了。

5. 多方炮

如图 5-17 所示，从昆明制药的日 K 线图中可以看出，该股的下跌见底过程中，底部出现了一根缩量的十字星。底部十字星之后一根小阳线似乎要改变下跌的趋势，但是从成交量和涨幅上看都不能算真正意义上的反转。当股价出现一根小阴线后，一根放量的大阳线就改变了股价长期以来下跌的趋势。放量的大阳线和前边小阳线形成了多方炮的 K 线组合形态，这样看多的趋势被初步确立，短线投资者可以考虑适当做多了。

图 5-17　昆明制药（600422）底部多方炮

如图 5-18 所示，昆明制药在底部出现多方炮形态后，股价虽然没有发力上攻，但是已经出现了明显的横盘调整趋势，这说明多方炮的支撑作用还是不错的。投资者基本上已经确认了这种多方炮形态的有效性，并开始做多了。

从图中看出，股价横盘七天后马上又出现了一个多方炮的 K 线形态，再次确认了多方的强大力量。其实投资者买入股票不错的机会，就在第一个多方炮形态后股价横盘的时期，这时候买入股票相对来说比较安全而且可以获得不错的投资收益。

如图 5-19 所示，从昆明制药的日 K 线图中可以看出，连续两次的多方炮形态使股价真正进入到上升趋势中。股价稳站在 10 日均线之上，并且依靠 10 日均线提供的支撑缓慢上涨。

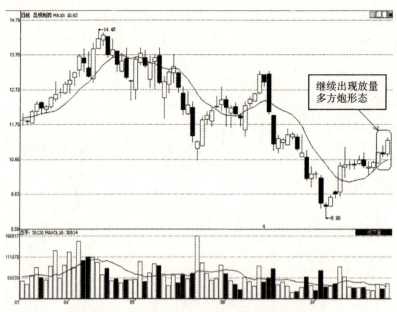

图 5-18　昆明制药（600422）底部第二次多方炮

图 5-19　昆明制药（600422）多方炮确立上涨趋势

二、应用 K 线形态应注意的问题

应用 K 线组合判断股价的运行趋势时，不能机械地单独使用。投资者还要考虑其他的一些条件，如成交量、换手率、均笔成交量等指标。同时投资者要对所使用的 K 线形态进行比较和调整，因为通常所说的 K 线和 K 线组合形态在现实中是不规则的。所以做出必要的调整是相当必要的。具体来说应该注意以下四点：

1. 要配合成交量研判 K 线形态

成交量是股价上涨和下跌的重要指标之一，只是关注股价的变化而将成交量放在一边是不明智的。通常涨势良好的股票都是那些量价齐增或者上涨途中缩量调整的股票。

2. 要用不断变化的眼光看待 K 线形态

市场是 K 线形态的创造者，不同时期的市场、不同的投资者和不同的股票，其对应的 K 线形态是不相同的。追求标准的 K 线形态是不现实的，也是不实用的。因此，投资者要辩证地看待 K 线形态的变化，对于不同形态的 K 线及其组合形态要能够举一反三。这样才能够游刃有余地使用 K 线，取得投资的成功。

3. 要灵活利用 K 线的时间周期

K 线的应用中，常用的时间周期是日 K 线。多数的投资者集中在日 K 线的应用，而很少去关注周 K 线和月 K 线，至于短期 120 分钟 K 线和 60 分钟 K 线更是不予理睬。这样使用 K 线就很容易出现"只见树木不见森林"的现象或"只见森林不见树木"的现象。

要避免这种情况的出现，投资者就应该在关注日 K 线的同时，也多注意周 K 线的变化。在掌握股价变化大趋势的基础上，把握市场的局部的走势才能获得比较好的收益。如看日 K 线的同时，多关注一下 120 分钟的 K 线走势，可以帮助投资者察觉到市场中细微的变化，有利于投资者正确地了解股价走势。

如图 5-20 所示，从德赛电池的日 K 线图中可以看出，该股在不断的下跌中，但投资者从日 K 线中很难分辨出是主力的洗盘动作还是出货行为。那么投资者这时候可以转变思路，看看该股周 K 线的情况。

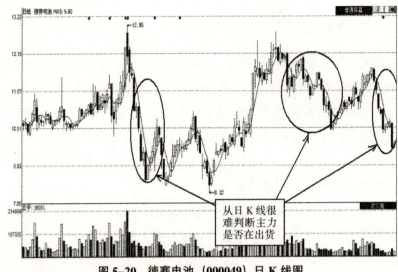

从日 K 线很
难判断主力
是否在出货

图 5-20　德赛电池（000049）日 K 线图

如图 5-21 所示，从德赛电池的周 K 线图中可以看出，股价下跌时成交量出现了非常明显的萎缩状态。如果是主力的出货行为，成交量不可能是萎缩状态，既然是缩量下跌，就说明卖出股票的投资者很少。惜售行为恰好证明，后市该股还是具有继续上涨的潜力的。

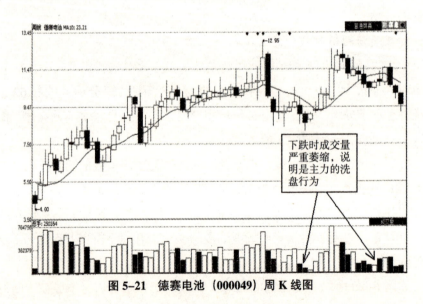

下跌时成交量
严重萎缩，说
明是主力的洗
盘行为

图 5-21　德赛电池（000049）周 K 线图

4. 要认识到应用 K 线买卖股票一定程度上是有很高的错误率的

毕竟 K 线是一种技术分析手段，没有经过科学的论证，不一定能够代表市场的真正走势。因此投资者要明确使用 K 线是面临着巨大的投资风险的。对于不同的股票，投资者应该根据股价的走势情况，灵活运用 K 线形态。对于不同的股票，相同的 K 线形态可能代表完全不同的意义，这是投资者应该重点关注的地方。

如图 5-22 所示，中信银行在大盘超跌反弹时以 9.98% 的幅度涨停。但是作为一只银行股，是不是该股涨停后就可认为其股价能够大涨呢？从图中可以清楚地看出，虽然放量涨停，但是之后股价的上涨幅度并不是很大。与其他个股相比，涨幅算是非常小的了。这时候投资者即使见到涨停的放量大阳线也不能够将其视为大涨的信号，银行股的动作从来都是很缓慢的，何况中信银行的盘子也是比较大的，出现巨大的上涨空间是需要时间的。

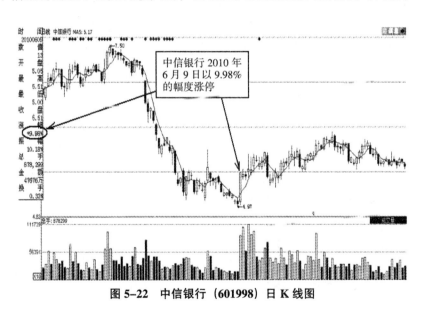

图 5-22　中信银行（601998）日 K 线图

如图 5-23 所示，北矿磁材的日 K 线图中，该股从底部企稳后随机出现了放量涨停。2010 年 7 月 22 日放量大涨 9.97%，显然是突破了底部的调整区域。作为一只稀土永磁板块的题材股票，与中信银行有着很大的不同。稀土永磁这样的好题材在 2010 年国家政策大力支持稀土行业整顿重组的背景之下，大幅度上涨是很有可能的。因此短线投资者可以在这个时候大胆地买

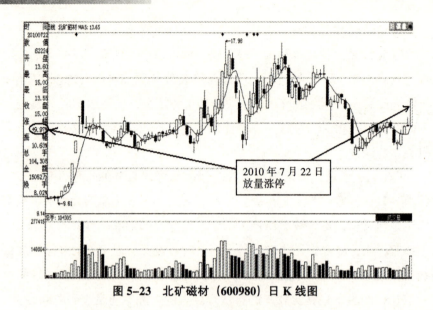

2010 年 7 月 22 日
放量涨停

图 5-23　北矿磁材（600980）日 K 线图

入这只股票，等待主力今后大幅度拉升股价。

正如预期的那样，如图 5-24 所示，北矿磁材在放量涨停后，股价的上涨速度越来越快，以至于最后该股以连续涨停的方式暴涨了近 100%。短线投资者若买入该股后，获利将非常丰厚。

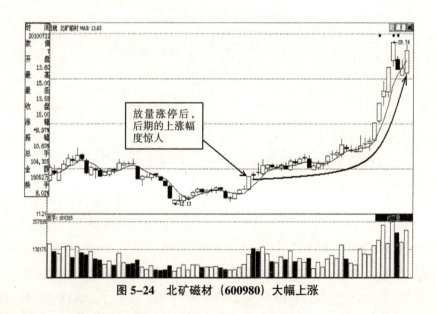

放量涨停后，
后期的上涨幅
度惊人

图 5-24　北矿磁材（600980）大幅上涨

第六章　通过技术指标发现短线机会

第一节　运用 MACD 指标抓住短线买卖点

一、初识指标

平滑异同移动平均线指标（MACD）是由杰拉德·阿佩尔最早提出的。它是建立在移动平均线基础上的指标，相比移动平均线迟缓的反应，MACD 指标可以在第一时间发出买卖信号。在使用的效果上，MACD 指标比移动平均线更加灵敏。相比移动平均线在明确的趋势面前十分奏效，而在股价横盘整理时经常发出错误的买卖信号的情况，MACD 指标既可以更准时地提供趋势变化的信息，又能够帮助投资者抓住买卖点位。可以说，MACD 指标是建立在移动平均线基础上而又高于移动平均线的指标。投资者可以充分利用这个指标买卖股票。

二、计算方法

MACD 指标主要由三部分构成，即指数平滑移动平均线（EMA）、离差值（DIF）和离差平均值（DEA）。其中离差值（DIF）是核心指标。DIF 可以通过快速移动平均线和慢速移动平均线的差值来求得。离差平均值（DEA）是 DIF 的移动平均线。投资者可以通过分析 DEA 和 DIF 的相互关系来判断多空方向，进行股票买卖。除此之外，MACD 指标还有一个辅助指标叫作柱状线（BAR），用于判断多空双方的强弱程度。BAR 是 DIF 和 DEA 相减所得的差值。

MACD 指标值的计算过程：首先计算出快速指数平滑移动平均线值（EMA1）和慢速指数平滑移动平均线值（EMA2），以这两者的差值（DIF）为基础，计算出某一周期的 DIF 的平滑移动平均线 DEA 值。最后求出 DIF 和 DEA 的差值就是柱状线（BAR）的数值。MACD 指标值的大小就是通过 BAR 值的大小来反映的。在实际计算中，通常选取 12 日和 26 日作为快速指数移动平均线和慢速指数移动平均线的计算周期，并且选取 9 日作为离差值的计算周期。那么 MACD 指标（12，26，9）就表示快速指数平滑移动平均线的计算周期为 12 日，慢速指数平滑移动平均线的计算周期为 26 日，离差值的计算周期为 9 日。

MACD 指标（12，26，9）计算的基本步骤如下：

1. 计算指数平滑移动平均线值（EMA）

12 日的 EMA 数值为：

EMA（12）= 2/13 × 当日收盘价 + 11/13 × 前一日的 EMA（12）

26 日的 EMA 数值为：

EMA（26）= 2/27 × 当日收盘价 + 25/27 × 前一日的 EMA（26）

2. 计算离差值（DIF）

DIF = 当日 EMA（12）– 当日 EMA（26）

3. 计算 DIF 的 9 日离差平均值，即 DIF（9）

DIF(9) =（当日 DIF + 前 8 日的 DIF 之和)/9

4. 计算 DIF 的 9 日平滑移动平均线值，即 DEA(9)

DEA(9) = 2/10 × 当日 DIF 值 + 8/10 × 前 8 日 DEA 值

5. 计算 MACD 指标值

MACD = 当日 DIF – 当日 DEA

三、运用策略

MACD 指标在运用上可以从 DIF 相对于 DEA 的变化，MACD 柱状图与 DIF 间的变化关系以及 DIF、DEA 和 MACD 形态变化判断买卖的时机。

（1）当 DIF 和 DEA 同时大于零时，说明市场属于多头市场，投资者可以在大部分时间内看多股价；若两者均小于零，说明市场属于空头市场，投资者可以在大部分时间内看空市场。

（2）DIF 向上穿越 DEA。如果穿越发生在 DIF 和 DEA 都大于零时，则为买入的信号；如果穿越发生在 DIF 和 DEA 都小于零时，则多数情况下是股价在下跌途中的反弹，时间不长又会恢复到下跌的状态中。特别值得一提的是，DIF 线在零轴以下连续两次向上突破 DEA 线时，说明市场即将转为上涨行情。

（3）DIF 向下跌破 DEA。如果下跌发生在 DIF 和 DEA 都小于零时，则为卖出的信号；如果下跌发生在 DIF 和 DEA 都大于零时，则多数情况下是股价在上涨途中的回调，时间不长又会开始上涨。特别值得一提的是，DIF 线在零轴以上连续两次向下突破 DEA 线时，说明市场即将转为下跌行情。

（4）DIF 底部背离情况。股价在下跌的过程中，连续两到三次都不断创出新低，但是 DIF 却不出现新的低点反而逆势上涨，这是典型的底部背离，属于买入信号。底部背离的时间越长，背离的次数越多，买入的信号越准确。

（5）DIF 顶部背离情况。股价在上涨的过程中，连续两到三次都不断创出新高，但是 DIF 却不出现新的高点反而逆势下跌，这是典型的顶部背离，属于卖出信号。顶部背离的时间越长，背离的次数越多，卖出信号越准确。

（6）MACD 指标背离情况。股价下跌而 MACD 柱状图并没有下降，反而上升，此时为看多买入信号；股价上涨而 MACD 柱状图并没有上升，反而下降，此时为看空卖出信号。

（7）DIF 和 MACD 指标同步看涨情况。DIF 线向上穿越 DEA 线，并且 MACD 指标值也由负数转为正数时，属于看多信号。特别是在 DIF 大于零向上突破 DEA 时，看多的信号比较强烈。

（8）DIF 和 MACD 指标同步看跌情况。DIF 线向下跌破 DEA 线，并且 MACD 指标值也由正数转为负数时，属于看空信号。特别是在 DIF 小于零向下跌破 DEA 时，看空的信号比较强烈。

（9）股价整理时，指标失真情况。股价在横盘整理时，DIF 线会经常地向上穿越 DEA 线或者向下跌破 DEA 线，而 MACD 指标也经常在绿柱子和红柱子之间变化，这时候发出的买卖信号是非常不准确的。只有在持续的行情中，指标才足够准确。

四、实战技巧

1. 底部背离买点

背离可以分为底部背离和顶部背离。价格上涨到顶部的过程中，股价创新高，而指标不增反而下降，这时就是顶部背离；价格下跌到底部的过程中，股价创新低，而指标不跌反而上涨，这时就是底部背离。

顶部和底部的背离几乎可以发生在所有的技术分析指标中，MACD 指标也不例外。在股价下跌时，MACD 指标不降反而向上突破就是底部背离。指标在底部发生背离时，说明股价的底部即将形成，投资者应该做好买股的准备。当然即使发生底部背离的情况，投资者也应该等待股价底部真正形成后再买入。因为很多时候底部发生背离后，股价还会继续下跌，而且跌幅通常都是投资者难以承受的。

如图 6-1 所示，从凌钢股份的日 K 线图中可以看出，该股从熊市中反转上涨前，MACD 指标出现了非常明显的底部背离现象。股价在下跌趋势中没有一点反弹迹象，沿着趋势一直向下跌，而 MACD 指标却没有跟着下跌。在股价下跌时指标不跌，而只要股价有一点反弹迹象，指标就开始大涨特涨。在 MACD 指标接近零轴线时，股价立即出现了反弹。短线投资者可以

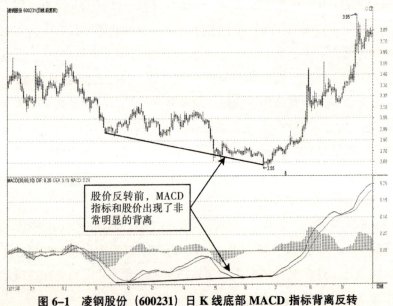

图6-1 凌钢股份（600231）日 K 线底部 MACD 指标背离反转

在出现底部背离、MACD 指标接近零轴线，并且股价开始上涨时买入股票。

如图 6-2 所示，ST 二纺的周 K 线图中，股价也是在 MACD 指标底部背离后开始上涨的。

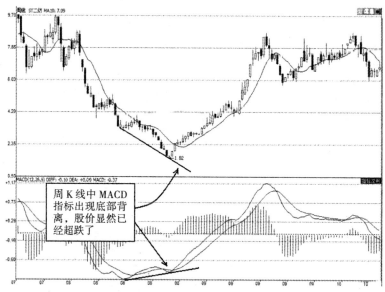

图 6-2 ST 二纺（600604）周 K 线底部 MACD 指标背离

周 K 线与日 K 线相比，变化是比较缓慢的。当然周 K 线对应的 MACD 指标也比日 K 线的 MACD 指标变化缓慢得多。如果缓慢的周 K 线 MACD 指标都能够出现底部背离，那么股价距离真正的见底也就不远了。

图 6-2 的 ST 二纺的周 K 线图中，随着股价不断深幅下跌，MACD 指标开始企稳，并且与股价走势相反，出现了底部背离的现象。从图中可以看出，MACD 指标的背离走势竟然持续了长达十几周的时间。这样股价如果出现企稳，就算不是真正的股价底部，那么短时间的大幅拉升还是很有可能出现的。投资者在股价企稳的时候买入股票，一定会有不错的收益。

2. 底部金叉买点

MACD 指标的金叉形态发生在股价反转的初期，DIF 曲线从下向上穿越 DEA 曲线，若 DIF 线顺利穿越 DEA 线，就形成了股价反转的金叉形态。从 DIF 曲线和 DEA 线所处的位置，金叉反转又可以分为零轴以下的金叉、零轴附近的金叉和零轴以上的金叉。

（1）零轴以下的金叉形态。MACD 指标线在零轴以下出现金叉形态，是弱势中出现的金叉，反映了股价在下跌过程中出现反弹，并不一定表示股价会改变下跌的方向。但是，如果连续出现两次金叉，情况就需具体分析。特别是当金叉发生的位置不断抬高时，股价反转的概率是相当高的。

如图 6-3 所示，从首旅酒店的日 K 线图中可以看出，该股在真正被主力拉升前调整的过程可谓一波三折。股价在企稳前出现横盘整理时，MACD指标开始出现了底部背离的走势。股价再次出现跳水时，MACD 指标恰好稍微向下短时间调整，然后随着股价的反弹出现了零轴线以下的金叉形态。MACD 指标在零轴线以下出现金叉形态，正是股价触底反弹的初期，如果短线投资者这时买入股票，以后获利将会非常丰厚。

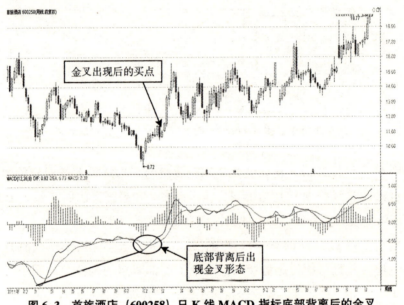

图 6-3　首旅酒店（600258）日 K 线 MACD 指标底部背离后的金叉

（2）零轴附近的金叉形态。股价上涨途中小幅度的下跌通常会造成MACD 指标向下，当 DIF 曲线到零轴附近并且从下向上穿越 DEA 曲线时，就形成了零轴附近的金叉。零轴附近的金叉通常都是买入股票的最佳机会。

如图 6-4 所示，中海集运的日 K 线图中，该股在企稳后，股价出现了短时间的下跌回调，MACD 指标也随之下降到了零轴以下。股价回调过后又一次出现大阳线并开始上涨，MACD 指标紧跟着出现了零轴附近的金叉形

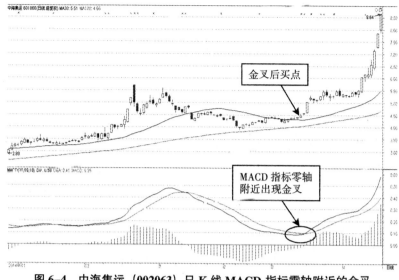

图6-4　中海集运（002063）日K线MACD指标零轴附近的金叉

态。这一形态出现后股价在强势横盘整理时就是投资者介入的较好时机。

（3）零轴以上的金叉形态。股价在长期上涨过程中，出现短时间的回调，MACD指标的DIF曲线和DEA曲线也跟着向下回调。但股价调整时间不长又开始反弹。这时DIF曲线和DEA曲线也只是略微向下调整就形成了金叉（DIF曲线由下向上穿越DEA曲线）。出现金叉后，投资者可以买入股票等待上涨，持股的投资者也可以继续持股。

如图6-5所示，从东风科技的日K线图中可以看出，该股在上涨过程中出现了许多小幅下跌的调整现象。那么投资者在何时介入该股就成为关注的问题。图中的MACD指标在股价调整时出现了零轴上的回调，那么MACD指标回调完后就是投资者买入股票的时机。

如图6-6所示，从科达股份的日K线中可以看出，该股在上涨过程中每一次小幅调整，都会在短时间内形成金叉形态。金叉出现的时候，都是短线投资者介入的大好时机。

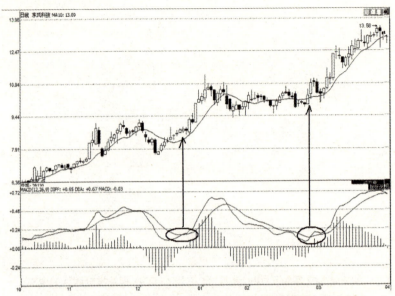

图 6-5　东风科技（600081）日 K 线 MACD 指标零轴上的金叉

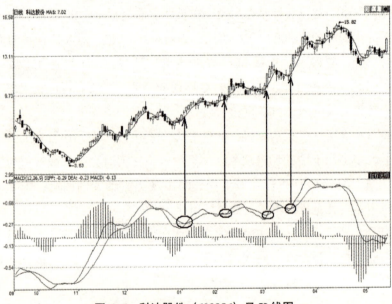

图 6-6　科达股份（600986）日 K 线图

第二节　运用 KDJ 指标抓住短线买卖点

一、初识指标

随机指标（KDJ）是由乔治·蓝恩最早提出的，是股票和期货市场上比较受欢迎的工具之一。这个指标通过给定当天和最近几天的收盘价、最低价以及最高价来计算股价，从而反映股价的真实波动情况。随机指标可以在股价反转前给出相应的买卖信号。

KDJ 指标有很多优点，如在预测短期趋势时比移动平均线更加准确、有效，在超买超卖方面比相对强弱指标更加灵敏、可靠。可以说，随机指标是比较理想的中短期买卖指标。

二、计算方法

KDJ 指标主要由 K 指标、D 指标和 J 指标组成。其中 D 值是对 K 值的移动平均处理。通常计算 K 指标的时间周期为 9 日，而计算 K 指标的平均值 D 指标的时间周期为 3 日。J 值反映 K 值和 D 值的乖离程度，可以快于 K、D 指标出现在顶部或底部，波动范围也不局限于 100 以内。如以 9 日和 3 日计算 KDJ 指标过程如下：

计算不成熟的随机值 RSV 的大小：

RSV =（当日收盘价 – 最近 9 日收盘的最低价）÷（最近 9 日收盘的最高价 – 最近 9 日收盘的最低价）× 100

计算 K 值、D 值和 J 值：

当日 K 值 = 2/3 × 前一日 K 值 + 1/3 × 当日的 RSV 值

当日 D 值 = 2/3 × 前一日 D 值 + 1/3 × 当日的 K 值

当日 J 值 = 3 × 当日 D 值 – 2 × 当日 K 值

注：为了突出当日股价变化的影响，公式中采用了人为选定的数值系数 1/3、2/3，通常这个系数是不需更改的。

三、运用策略

KDJ 指标的运用主要从 K 值、D 值、J 值的大小，KDJ 曲线形态和 KDJ 指标背离等方面考虑。

（1）K 值、D 值、J 值三个指标的数值范围都为 0~100。通过不同的指标数值，可以判断股价是否处于超买或者超卖状态。当股价处于超买状态时，通常 K 值的数值大于 80，D 值的数值大于 70，J 值的数值大于 100；当股价处于超卖状态时，通常 K 值的数值小于 20，D 值的数值小于 30，J 值的数值小于 0。股价处于超买状态时，投资者要适当减仓，以避免高位的风险；股价处于超卖状态时，投资者可以考虑适当买入股票，以免股价上涨后踏空，错失获利的机会。

（2）当 K 值达到非常小（如 0）或者非常大（如 100）的数值时，表明股价的下跌或者上涨趋势非常大，总是能够创新低或者新高。在这样的大趋势下，股价如果开始反转，将被视为较好的买入或者卖出时机。

（3）趋势的反转信号。在股价上升到相对顶部、K 线从上跌破 D 线时，是卖出的信号；在股价下跌到相对底部、K 线从下突破 D 线上涨时，是买入的信号。当随机指标的曲线变得平缓时，通常意味着股价即将变换方向，投资者这时候要提高警惕。

（4）KDJ 指标形态反转信号。当 KDJ 指标线在相对的底部形成多重底部时，是买入的信号；当 KDJ 指标线在顶部形成多重顶部时，是卖出的信号。

（5）顶部和底部的背离信号。当 D 线处于超买状态，股价不断创出新高，但是 K 线却出现连续下降的顶部，这样就在股价的顶部出现了背离的情况，是卖出的信号；当 D 线处于超卖状态，股价不断创新低，但是 K 线却出现连续抬高的底部，这样就在股价的底部出现了背离的情况，是买入信号。

四、实战技巧

1. 底部背离买点

在 KDJ 指标底部背离中，股价虽然在下跌，但是相对的底部已经在形成中，不久股价就会反转向上。不管反转的时间和幅度如何，股价向上是必然的。投资者需要注意进入时机的选择。在指标发生背离时，投资者可以买入股票，但不必将预计的涨幅看得太高。如果股价上涨一段时间后又出现死叉，并且开始下跌，投资者就要及时止盈，避免从盈利变为亏损。

　　如图 6-7 所示，海信科龙的日 K 线图中，股价的下跌可谓一泻千里，没有任何止跌企稳的迹象出现。但是在股价快速的破位过程中，KDJ 指标已经提前一步企稳并且小幅上涨了。既然 KDJ 指标与股价走势形成了底部背离的走势，那么证明下跌幅度已经过大，一旦股价止跌企稳，投资者应尽快介入。

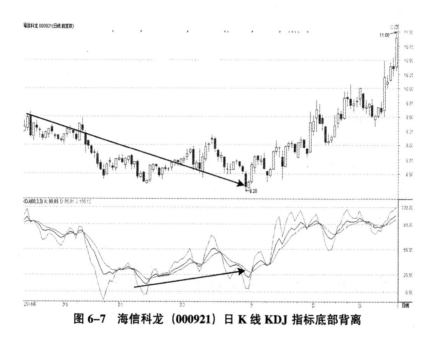

图 6-7　海信科龙（000921）日 K 线 KDJ 指标底部背离

　　图中 KDJ 指标形成背离后不久就出现了金叉形态，投资者可以在此时买入股票。

2. 底部金叉买点

　　股价在下跌中或者弱势整理时，D 线、K 线、J 线依次由上到下排列，并且三条线处于数值 50 附近或者数值 50 以下区域中。当股市转强股价开始上涨时，K 线和 J 线就会同时向上穿过 D 线，这时就形成了股价看涨的黄金交叉形态。

　　如图 6-8 所示，从 *ST 海鸟的日 K 线图中可以看出，该股在下跌后再次上涨的初期总是能够看到 KDJ 指标出现底部金叉形态，金叉后是股价大幅度的上涨。如此看来，投资者使用 KDJ 指标的金叉当作短线买入股票的依据，

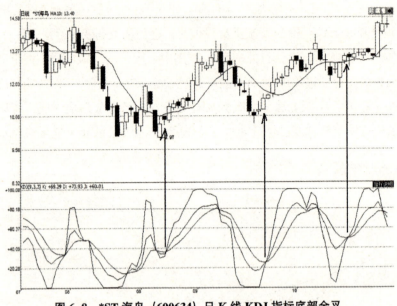

图 6-8　*ST 海鸟（600634）日 K 线 KDJ 指标底部金叉

准确率还是比较高的。

第三节　运用 RSI 指标抓住短线买卖点

一、初识指标

相对强弱指标（RSI）属于震荡指标，是由韦尔斯·王尔德在 1978 年提出的。这一指标最早应用于期货市场，后来因为其效果比较好，也广泛地应用于证券市场。RSI 指标根据市场的上升和下降趋势间的力量比较来判断股票市场价格的走势。

一般投资原理认为，受各种因素影响的行情变化最终受制于供求关系的变化。而 RSI 指标正是出于这一点的考虑，通过测量某一个时间段的股价上涨天数占总天数的比值，来衡量市场的多空双方力量的强弱程度。从 RSI 指标数值的变化，投资者可以观察多空双方力量的消长，为接下来的投资决策做好准备。

在指标的应用上，RSI 指标是相对比较复杂的，它囊括了数值大小衡量和形态特征等研判方式。可以说，RSI 指标是一种综合性质比较强的指标，从其应用就可以了解其他相关指标的运用方式。

RSI 指标的应用方法同 MACD 等指标有很多相似之处。RSI 指标数值在 50 以下为空头市场，50 以上为多头市场；数值在 20 以下为超卖状态，数值在 80 以上为超买状态。处于超卖或者超买状态的股票会有向相反方向运动的倾向。若在股价不断创新低或者创新高时，RSI 指标并没有继续下跌或上升，这时就会出现 RSI 指标线背离现象。股价和指标一般不会长时间的背离，背离后不久股价一般会向着相反的方向运动。与其他指标一样，RSI 指标短周期的指标曲线和长周期的指标曲线也会形成金叉和死叉的情况，其金叉和死叉同样具有看涨和看跌的指示作用。

二、计算方法

假设 m 为 N 日内收盘价为上涨的天数之和，n 为 N 日内收盘价为下跌的天数之和，那么将 m 和 n 的数值代入 RSI 指标计算公式中得到：

N 日内 RSI = m ÷ (m + n) × 100

计算得出的 RSI 指标数值是一个百分数，其范围为 0~100。当 RSI 指标数值在 20 以下时，为超卖区域；数值在 80 以上时，为超买区域。股价超卖后通常会筑底反弹，超买后就会下跌，这样 RSI 指标可以指导投资者在价格反转前提前做好准备。

三、运用策略

常用的 RSI 指标以 12 日为计算周期，有时也结合以 6 日为计算周期的 RSI 指标数值，综合研判股价的走势情况。RSI 指标在市场中的应用非常普遍，通过该指标计算超买超卖情况，并且通常与均线和其他技术指标一起应用，以提高研判股价底部和顶部的准确性，减少损失。以 6 日为计算周期的 RSI 指标的研判技巧如下：

（1）当 RSI 指标数值为 20 以下时，为超卖区域。股价处于超卖区域随时都有反弹的可能性，投资者要保持警惕，在反弹的时候抢底。

（2）当 RSI 指标数值为 80 以上时，为超买区域。股价处于超买区域随时都有下跌的可能性，持股的投资者要注意提前止盈以免被高位套牢。

（3）RSI 指标数值为 50 的 RSI 线是多空均衡线，多空均衡线以下为弱势区域，多空均衡线以上为强势区域。

（4）当股价由下向上突破多空均衡线时，说明市场已经转为强势；股价由上向下穿越多空均衡线时，说明市场已经转为弱势。

（5）股价下跌时创新低，紧跟着 RSI 指标数值也创新低，那么后市仍然是看空的。若 RSI 指标没有创新低或者向上反弹时，就会出现 RSI 指标底部背离。发生背离时股价会有强烈反弹的需求，投资者应该密切关注股价的动向。

（6）股价上涨时创新高，紧跟着 RSI 指标数值也创新高，那么后市仍然是看多的。若 RSI 指标没有创新高或者数值下跌时，就会出现 RSI 指标线顶部背离。顶部发生背离后，股价随时都有下跌的危险，持股的投资者要做好止盈的准备。否则等股价下跌时，损失会很大。

（7）连接 RSI 指标线的两个底部，可以得到一个向上的切线，若 RSI 指标数值跌破切线，则为不错的卖出机会。同样的，连接 RSI 指标线的两个顶部，可以得到一个向下的切线，若 RSI 指标数值向上有效突破这条切线，则是很好的买进机会。

（8）在实际应用中，可以用两条计算周期不同的 RSI 指标曲线来判断股价的走势，如常用的长短期 RSI 指标周期为 12 天和 6 天。

当 RSI（6）由 20 以下向上突破 RSI（12）时，是极好的买入信号；当 RSI（6）由 80 以上向下穿越 RSI（12）时，是极好的卖出信号。

（9）除以上外，RSI 指标形成双底、双顶和头肩底部、头肩顶部等形态时，同股价形成的相关形态是一样的，可以提供买卖股票的信息。

四、实战技巧

1. 底部背离买点

在股价的持续下跌中，若 RSI 指标开始上升，那么两者就在底部发生了背离。背离虽然不能够说明股价可以立即上涨，但是可以提前向投资者预示底部正在形成中。背离形态出现后，股价一般都会上涨。投资者可以根据股价所处的下跌趋势的大小来判断反弹幅度。长时间大幅度的下跌中发生的底部背离，只要股价开始量价配合上涨，涨幅会是很可观的。

如图 6-9 所示，从银星能源的日 K 线图中可以看出，该股在下跌的过程中，股价连续创新低，但是 RSI 指标却已经处于超卖状态（RSI 指标值跌到 20 以下），并且开始出现企稳的迹象。从股价和 RSI 指标截然相反的走势中，投资者可以很明显地看出底部已经离我们不远了。投资者可以在股价再次破位、企稳上涨并且形成 RSI 金叉时买入股票。显然，这时买入股票是很有保证的，即使股价反弹后进一步下跌，下跌的幅度也不会太大。在 RSI 指标超卖后，与股价形成底部的背离现象，再次形成金叉时将是不可多得的买入机会。

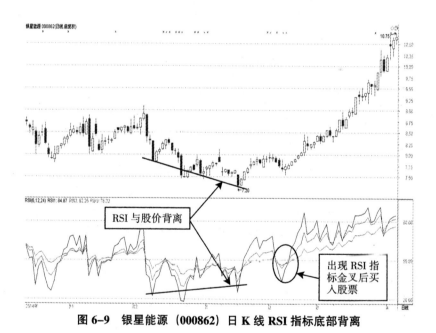

图 6-9　银星能源（000862）日 K 线 RSI 指标底部背离

2. 底部金叉买点

在股价的下跌趋势即将结束时，RSI 的短期指标线由下向上突破长期指标线，这时就形成了底部的金叉形态。根据当时 RSI 指标数值所处的位置可以大体分为多空均衡线以下的金叉和多空均衡线以上的金叉。在多空均衡线以下形成金叉是弱势金叉，只有 RSI 短期指标线由超卖状态开始向上反弹穿过 RSI 长期指标线时，并且成交量放大时才更具有看涨的作用。股价在上涨过程中，持续上涨会在多空均衡线以上形成金叉形态。多空均衡线以上形成金叉形态后，投资者可以利用股价处于相对低位处加仓或者建仓。

如图 6-10 所示，从乐山电力的日 K 线图中可以看出，该股在上涨前，RSI 指标就已经出现了两次明显被抬高的底部。那么在第二个底部出现时，RSI 指标金叉也随之出现了，投资者买入股票的位置就出现在金叉后，股价强势横盘整理时。

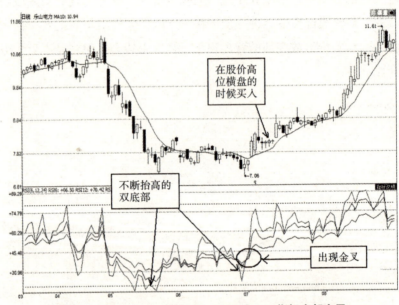

图 6-10 乐山电力（600644）日 K 线 RSI 指标底部金叉

3. 底部双底或三重底买点

RSI 指标线在底部形成类似于股价底部形成的双底形态或者三重底形态时，如果股价在这时带量上涨，通常上涨都是比较可信的。

如图 6-11 所示，从川投能源的日 K 线图中可以看出，该股在下跌过程中，RSI 指标形成了非常明显的三重底部形态。在图中 B、C、D 三个底部形成后，股价出现了有力的反弹。投资者买入该股的最佳时机就在金叉形成后，股价小幅回调时。这时买入股票是相对安全的。如果投资者想要再次确认一下上涨的趋势，那么可以在股价第二次反弹回抽时买入，但此时价位会稍微高一些。

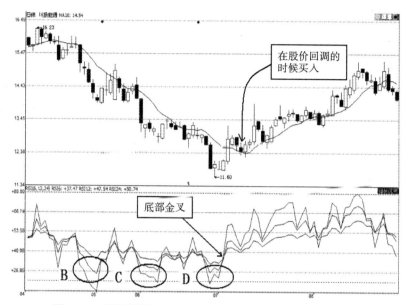

图 6-11 川投能源（600674）日 K 线 RSI 指标底部三重底

第七章　通过成交量发掘短线机会

第一节　先看量，后看价

股价的上涨和下跌是投资者进行股票交易的结果，没有买卖的股票是不会有涨跌变化的。那么成交量和股价的变化中，是成交量决定了股价的上涨或下跌，还是股价的上涨或下跌影响到成交量的变化？显然，成交量变化在先，股价变化在后。

既然成交量变化在先，股价变化受到成交量变化的影响，投资者就应该在股价进入上升趋势前，仔细观察成交量的变化，只有这样投资者才能发现牛股。

通过第四章的学习，投资者已经知道主力做盘是有一定的顺序的。主力做盘的首要步骤就是建仓过程。没有建仓过程，主力的洗盘、拉升、拔高和出货等动作都没有意义。只有主力手中掌握足够多的流通筹码，才能够在洗盘时控制股价走势，在拉升时稳定股价的波动，在出货时有股票可以卖出。在建仓过程中，既然主力必须买入大量的流通筹码，那么股票的成交量一定会有所膨胀。显然，萎缩的成交量是不足以满足主力上亿元资金胃口的。通过放大成交量来建仓，是主力的必然选择。当然，主力出于各方面的原因，建仓所用的时间不尽相同。建仓时间长的主力，成交量放大的状况可能在短时间内不明显，但是长时间内是可以看出明显的温和放量现象的。

此外，还有一些主力喜欢在短时间内放大量来完成建仓的过程，这种情况下成交量发生异动的股票就非常值得投资者关注。通常短时间放量的个股，真正进入上涨趋势时，上涨的潜力将是无限的。

第二节　经典量价关系解析

成交量和股价都有三种基本的变化方向，即上涨、下跌和静止不动的横向发展。

实战中，股价和成交量的变化关系由这三种情况搭配组合。具体可以有短线实践中最常用的低量低价、量增价平、量增价涨、量缩价涨、量增价跌、量缩价跌六种量价关系。此外，比较特别的量价关系还有地量地价、天量天价等。

一、低量低价

低量低价是指股价的绝对值比较低，而成交量也相对萎缩到了最低点的现象。一般来说出现低量低价时，都是在股价历史低位附近，市场中没有一点儿人气可言，沮丧看空的氛围充斥着整个市场，价格在底部一跌再跌，而成交量也是一降再降。

虽然在低量低价时，股价很可能即将完成底部筑底的动作，但是这并不能说明真正的股价底部已经出现，只有进一步确认底部后才可以买入股票。如果指数已经开始企稳，但是该股仍然在下跌，那么低量低价很可能已经是股价的底部了。

如图7-1所示，从上海汽车的月K线图中可以看出，该股在2008年的熊市中跟随指数连番下挫，从最高价格32.90元附近，一直狂跌到5元以下，跌幅高达85%左右。可以说经过一年的下跌该股已经到了历史低位，下跌幅度也几乎创了历史之最。图中F位置的股价已经和E位置2.93元的历史最低价格相差无几。从成交量上看，股价大跌后F位置的月成交量，相比牛市前E位置的成交量还要小。如此低的量能和股价说明该股下跌的空间已经非常小了，如果成交量能够在底部有效放大，那么股价见底将指日可待。

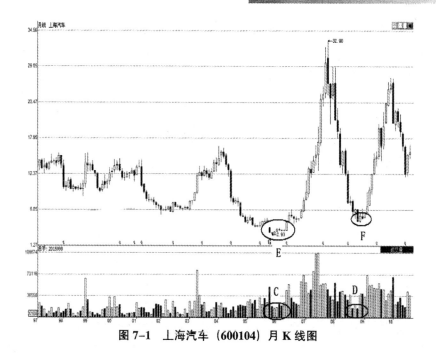

图 7-1 上海汽车（600104）月 K 线图

二、量增价平

量增价平是指个股的成交量虽然已经开始膨胀，但是对应的股价却出现滞涨的现象；或者说成交量大增，而对应的股价处于横盘震荡的状态。量增价平出现时，我们不能随意地判断股价是上涨还是下跌，投资者还需根据股价所处的位置、指数的运行情况等进行综合研判。

如果是在股价下跌到相对底部时，出现了成交量放大而股价滞涨的情况，这时候很可能是主力利用打压股价的机会，大力建仓的操作。股价在成交量放大时出现滞涨，可以为主力建仓作掩护。显然，如果股价在主力放量建仓时伴随着大涨，那么投资者很容易就会发现这样异动的股票。

若在股价涨幅过大后，出现成交量放大而股价横盘不动的现象，很可能是主力在高位出货了。高位滞涨的股票，主力是不会无缘无故地放大成交量的，只能在不知不觉的放量中完成出货，主力出货后股价一定会破位下跌。高位横盘的股价只是在为主力的出货行为作掩护，一般通过分析筹码的分布就可以发现，很多的高位长久横盘后的股票，筹码都会呈现出单峰密集形态，这也是主力横盘出货后筹码的表现之一。

如图 7-2 所示，从渤海租赁的周 K 线图中可以看出，该股在 2013 年 6 月后就出现了一波很明显的放量震荡行情。股价在几个月的时间内不断地放量震荡，最后又回到了原来的位置。成交量不断上涨而股价却毫无起色，背后是主力想方设法地建仓和洗盘行为。图中显示出该股在经过主力的一番大幅度"折腾"后，股价的上涨幅度不断升高。

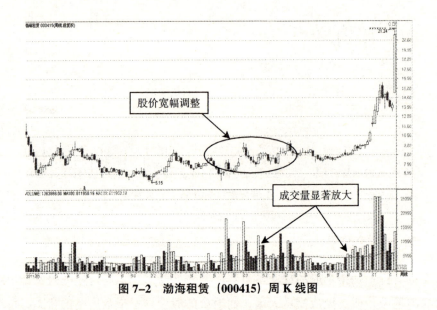

图 7-2　渤海租赁（000415）周 K 线图

在高位放量股价却滞涨的情况下，预测后市是涨是跌要结合股价所在的位置具体研判。若成交量放巨量，换手率也达到非常大的程度（如 20% 以上），投资者就应该考虑减仓规避风险。因为主力很可能在利用高位震荡的机会，大量完成筹码的转移，当筹码在股价的顶部全部卖给散户后，下跌的时机也就随之到来了。

三、量增价涨

量增价涨是指在个股的成交量放大的同时，股价跟着上涨，成交量和股价形成良好的配合时出现的量价关系。量增价涨关系一般常见于股价进入上升趋势的初期或者股价在上涨的途中。这种量价关系是股价上涨非常健康的表现。

尤其在熊市中，股价经过长时间的下跌以后，进入上涨阶段的初期，人气还不是很旺盛，市场分歧很大，看多的投资者还未形成主流。这时股价的上涨只有少量的成交量配合。但是随着市场的逐步走暖，买入股票的投资者越来越多，多方的大军逐渐膨胀起来，这时就会出现成交量和股价同时上涨的现象。

量增价涨是股价上升趋势的最好表现，通常来说，如果一只股票能够从底部上涨开始不断维持量增价涨的形态，那么该股股价的上涨趋势是可以不断延续的。

如图7-3所示，从凯迪电力的日K线图中可以看出，该股在初次上涨时，图中的A、B两个时间段中成交量和股价配合得相当"默契"。同步放大的成交量和股价是上涨趋势得以延续的重要保障，投资者见到这样的量随价动的量价关系时，买入股票无疑是绝好的机会。只要投资者注意其中的投资风险，不要在股价涨幅过大，成交量和换手率也过度放大时进入市场，就可以获得较好的收益。股价在量增价涨后，中途的缩量回调是投资者又一次的买入机会。

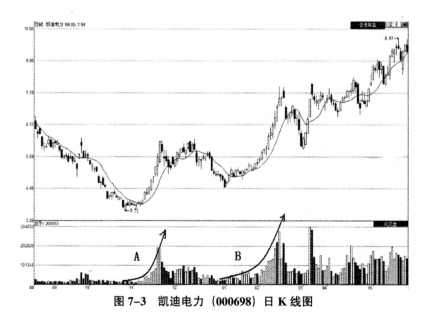

图7-3 凯迪电力（000698）日K线图

四、量缩价涨

量缩价涨是指个股对应的成交量不断地萎缩，而股价却开始上涨的量价关系。这种量价配合现象一般见于股价被拉升的末期，表明股价上涨却不是主力放量拉升的结果。当然，在股价下跌时也会有这种量价背离的现象出现，不同的情况，投资者须区别对待。

如果在股价有了很大的涨幅后，出现量缩价涨的顶部背离现象，很可能意味着主力已经无力拉升股价或者说主力已经获利丰厚即将出货。不论哪一种情况出现，主力的出货过程都很可能发生在股价再次被放量拉升时。

当然，有时候股价在上涨的过程中，缩量也可以是主力高度控盘的结果。造成缩量主要是主力在股价处于底部时，放出巨量完成了建仓的动作。这导致主力在建仓后的拉升中，只要用少量的资金就可将抛盘全部吃掉，成交量无须放大就可以使股价不断地大涨。

如果在股价下跌中出现了量缩价涨的现象，很可能是主力在利用上涨的机会将手中剩余的股票卖出去，后市股价还会不断地下跌，直到真正的底部出现。

投资者应对量缩价涨的量价关系时，采取观望的态度比较好。若量缩价涨在股价上涨的过程中出现，最好是持币观望；若在股价下跌时出现，最好见到顶部就即时抛售股票。

如图7-4所示，从海虹控股的日K线图中可以看出，在股价下跌到18元附近时，成交量开始放大，股价也随之出现了反弹。从图中的方框中可以明显看出，量增价涨的量价关系持续了9天的时间，主力已经完成了建仓的动作。

该股能够在成交量萎缩的状态下不断地创出新高，同主力的高度控盘是分不开的。可想而知，主力既然已经掌握了足够的流通筹码，那么拉升也就不需消耗大量的资金了。图中的缩量拉升正是主力在股价上升的初期拿到了相当多的筹码的结果。

五、量增价跌

量增价跌是指个股的成交量上涨，而对应的股价却下跌的现象。这种量价关系也是背离的一种情况。从股价所处的位置划分可分为上涨中的量增价跌和下跌中的量增价跌。但需注意上涨和下跌中的量价背离的判断是有区别的。

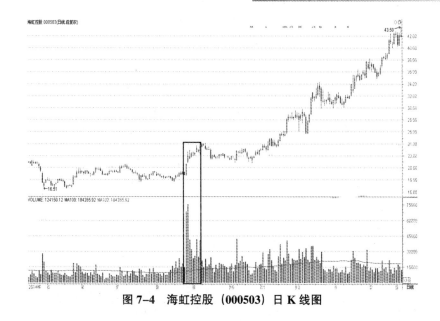

图 7-4 海虹控股（000503）日 K 线图

如果个股在上涨的初期出现了量增价跌的现象，很可能是因为短时间股价的上涨幅度过大，获利盘和套牢盘相继卖出股票所致。这样的下跌持续的时间一般不会很长，经过调整后还可以上涨。

如果是主力有意为之的量增价跌，那么放量一定是必需的。因为只有下跌中成交量放大，主力才有可能完成建仓的过程。投资者在恐慌中抛售的股票正好使主力打压股价时，顺便捞些"便宜货"。投资者若发现主力利用放量下跌的机会建仓，也可以跟随主力建仓等待股价被拉升。

在股价下跌时出现成交量放大的现象，是股价下跌没有到位的表现。市场中看空后市的投资者比较多，尤其在主力出货后，散户们更是会按捺不住地卖出手中的股票。在股价下跌的初期出现不断放量的现象，是后市不断看空的表现。如果没有不断地调整到位，股价将很难有像样的上涨行情出现。

如图 7-5 所示，从科力远的周 K 线图中可以看出，该股在上升阶段是一帆风顺的，但是股价上涨成交量却没有跟着出现上涨，而是在价格创新高的过程中成交量不断萎缩。就在周 K 线对应的成交量达到最低时，该股再次出现了飙升的走势。

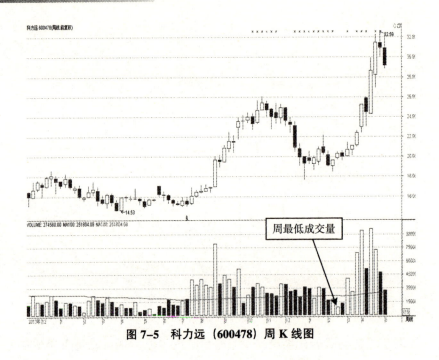

图 7-5 科力远（600478）周 K 线图

六、量缩价跌

量缩价跌是指个股在下跌时成交量也开始萎缩，成交量和股价呈现出一种同步下降的趋势。

通常股价在进入到上升趋势时，中途每一次的下跌调整都可能是缩量的。股价下跌时成交量随之萎缩，恰好说明了主力惜售的心理。主力在拉升股价时会利用一切机会进行洗盘，洗盘时的股票多数是被散户恐慌性抛售出来的股票，一旦主力达到了洗盘的目的就会重新拉升股价，因此量缩价跌时正是投资者买入股票的机会。投资者应该注意的是，即使是主力缩量洗盘的行为，股价的下跌幅度也不应该过大。大幅度的破位下跌后，即使主力想要拉升恐怕也无能为力了。

在股价下跌的过程中出现量缩价跌的现象时，显然是主力出货造成的，缩量下跌表明市场中看空的投资者逐渐卖出股票，但是还有一部分投资者持观望的态度。下跌过程中成交量萎缩，预示着股价将在后市中继续呈现出下跌趋势。因为缩量中投资者并没有回补抢反弹的愿望，或者说投资者中再也没有准备买股待涨的了，这样后市肯定是下跌的。

如图 7-6 所示，从全柴动力的周 K 线图中可以看出，上升途中出现非常明显的缩量下跌，是投资者买入股票的最佳阶段。图中 G 位置出现的缩量下跌，是该股进入上升趋势后出现的第二次缩量。缩量成交中该股的下跌空间并不是很大，说明主力有意利用市场下跌的机会进行洗盘，再次放量上涨才是该股今后的最终趋势。因此，投资者对这种途中的强势横盘下跌不必抱有悲观的情绪，持股待涨或者再次加仓就会获得不错的投资收益。

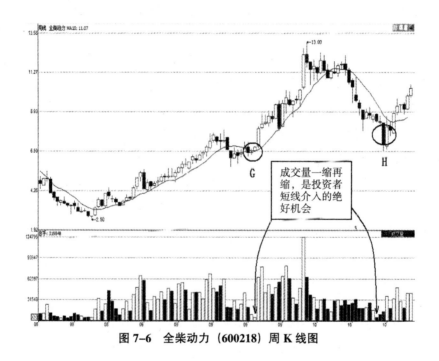

成交量一缩再缩，是投资者短线介入的绝好机会

图 7-6 全柴动力（600218）周 K 线图

而图中 H 位置出现的缩量下跌是股价调整中出现的。这样的下跌与以前上升趋势中的缩量调整是不一样的，股价在破位后还可以出现再次破位下跌。投资者应该多关注该股行情的变化了，以便选择恰当的时机建仓。从图中可以看出，股价见底回升的时间正是在该股出现地量后才开始的。下跌途中的明显缩量，为投资者再次的建仓提供了买入的信号。

第三节　底部放量后的短线机会

　　股票在长期的熊市中会不断下跌，在指数见底反弹前，股价的上涨趋势不会轻易形成，但是有些主力关注的股票会提前发出异动的信号，投资者应该给予特别关注。发生异动的股票，首先应该是成交量有明显的变化。既然股价在下跌时无人问津，那么见底时就应该有资金在底部到来前抄底了。只要是超低的情况出现，主力大笔的资金就会蜂拥到市场中，如果哪一只股票能够成为主力做多的首选目标，那么短时间建仓放大成交量就不可避免。股价在底部连续的放量一定不是偶然的事件，只有资金雄厚的大主力才能够使成交量短时间内放大。

　　如图 7-7 所示，从厦门钨业的周 K 线图中可以发现，该股下跌到 7 元附近时开始企稳并且出现上涨的行情。那么该股真的就这样见底回升了吗？从图中可以看出，答案肯定不是这样的。该股在 7 元附近虽然已经见底，但

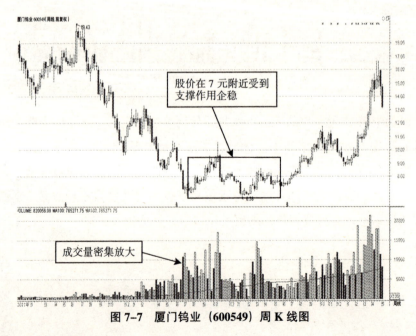

图 7-7　厦门钨业（600549）周 K 线图

是距离股价真正的上涨还是有一段距离的。图中显示的股价放量上涨只不过是主力的建仓行为罢了。

投资者在买入股票前，应该首先看一下成交量的变化，然后才能够借以判断股价今后的趋势。本例中，厦门钨业在真正展开上升行情前，主力明显在股价的底部放量建仓。建仓过程完成后，主力才开始真正拉升。

虽然股价放量并不意味着就此进入了牛市，但是放量所发出的买入信号还是非常值得投资者关注的。不管主力何时会拉升股价，投资者都可以密切地关注股价的异动情况，找准机会就马上介入。

如图7-8所示，从中材国际的周K线图中可以看出，该股在下跌趋势中突然放出巨大的成交量。股价随即在短时间内大涨，说明主力在这时强势介入，投资者可以在股价缩量回调时短线买入，后市该股的上涨幅度惊人。

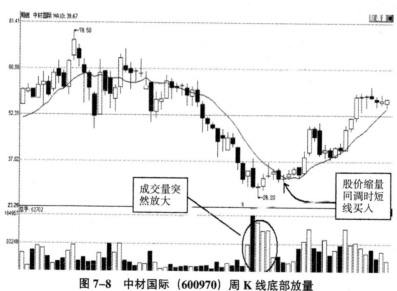

图7-8　中材国际（600970）周K线底部放量

第四节　初涨后缩量下跌中的短线机会

　　市场从熊市转到牛市时，个股股价会经历短时间的暴涨行情。久违了的上涨行情必然会引起巨大的套牢盘出来兑现利润，那么股价出现短时间的下跌就在所难免。如果股价上涨初期的下跌是由于套牢盘或者短线客引起的，那么投资者不必惊慌失措，股价的下跌幅度一定有限，并且下跌持续的时间也不会太长，调整合适时股价会因为下方买盘的增加而自然上涨。

　　初涨后股价缩量下跌时，投资者应该密切关注股价的变化，看股价是否有止跌企稳的迹象；或者股价在下跌时，成交量是否出现了明显的萎缩。若股价企稳后又有放大的成交量配合其再次上涨，那么这时买入股票是非常好的机会。

　　如图 7-9 所示，巨轮股份的日 K 线图显示，该股在 2013 年中旬开始回升。但是上涨的过程是在经历了一波三折的下跌后才实现的。图中显示的上

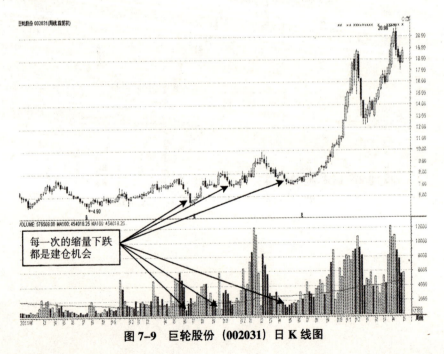

图 7-9　巨轮股份（002031）日 K 线图

涨初期的缩量下跌，都是在散户解套而主力惜售之时，当然此时也应该成为投资者买入股票的不错时机。对于能够反弹大涨的股票，缩量下跌为投资者创造了无比优越的买股条件。这样的投资机会虽然不少，但能够把握住的投资者并不多。在这些缩量下跌的点位买入股票的投资者，可以暂且放心大胆地持有。成交量没有出现有效的放大，或者说股价没有经历长时间的整理，主力想要出货是不容易的。

第五节　上涨中放量下跌后的短线机会

投资者都知道放量上涨、缩量下跌才是有潜力的好股票。那么放量下跌中可以买入股票吗？回答是肯定的，原因就是主力在利用放量打压股价的机会，再次完成建仓的动作。如果是主力利用股价下跌的机会建仓，那么投资者也就没必要卖出股票了；相反，在股价见底时再次加码买入股票才是明智之举。

如图 7-10、图 7-11 所示，从中国国旅的日 K 线图中可以看出，该股在上涨的前期出现了非常明显的放量下跌。放量下跌是主力在出货吗？事实上不是主力在出货，而是主力利用市场下跌的机会在顺势打压股价中的再次建仓。既然中国国旅在 2010 年 4 月 19 日大跌 4.79% 时，都没有出现如此的放量下跌现象，那么在指数不断地下探过程中也不应该有太大的跌幅。从日 K 线图中不能够看出来的交易细节，投资者可以从股价的分时图中一窥主力的真正用意。

如图 7-12 所示，从中国国旅 5 月 12 日的分时图中看出，该股在开盘时还是低开高走的态势，但是到了尾盘时股价就出现了非常明显的跳水，当天收盘时竟然以跌停价格报收。图中成交量随着股价的不断下跌而放大，显然是主力有意建仓的结果。

如图 7-13 所示，中国国旅在 5 月 18 日的分时图中，开盘就连续出现跳水行情。在当天开盘不到半小时，股价的跌幅高达 7% 以上。这一次的缩量下跌与底部的放量买入股票同 5 月 12 日股价跌停时放量如出一辙。只不过

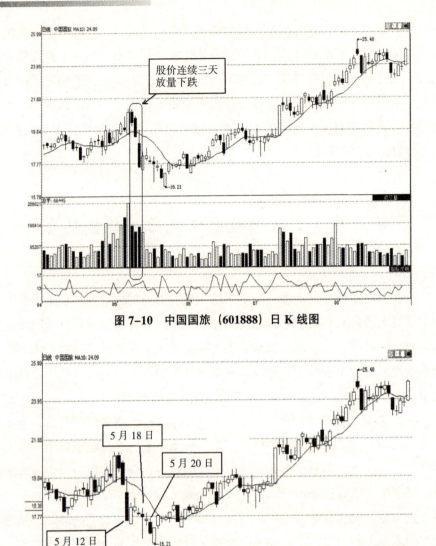

图 7-10　中国国旅（601888）日 K 线图

图 7-11　中国国旅（601888）日 K 线图

这次股价下跌的时机更早了一点，而底部放量后，股价竟然大幅度地止跌回升了。如果有哪位投资者在底部抢先买入股票，当天就会有近 6% 的投资收益。显然，这一次又是主力借机会打压股价，提前一步抢购筹码然后在当日把股价拉升上去。主力这样的做盘手法，投资者从日 K 线图中是看不出来

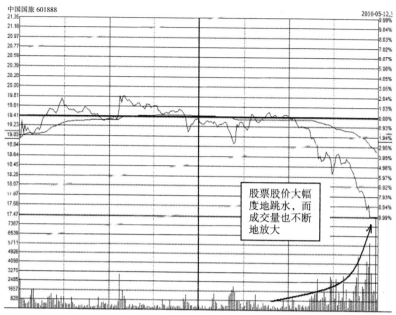

图 7-12 中国国旅（601888）2010 年 5 月 12 日的分时图

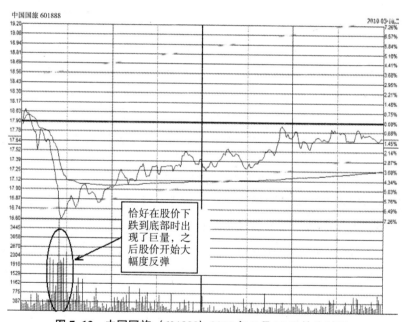

图 7-13 中国国旅（601888）2010 年 5 月 18 日的分时图

的，但是在分时图中就很清楚了。

　　如图 7-14 所示，中国国旅已经是第三次跳水后放大成交量了。开盘后该股的走势还勉强在前一日的收盘价格附近震荡。但是到了下午收盘时股价又一次出现跳水行情，并且在股价下跌到底部、跌幅近 5%时又一次出现放量现象。

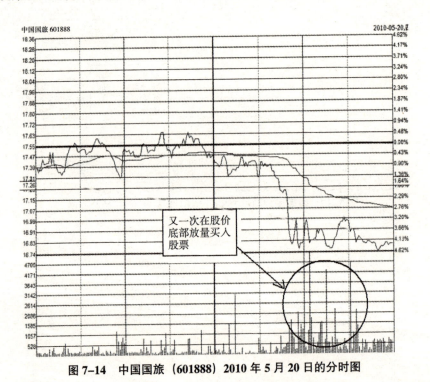

图 7-14　中国国旅（601888）2010 年 5 月 20 日的分时图

　　事实上，投资者如果查看日 K 线图，可能会认为主力是在放量打压股价。但从分时图中可以看出恰恰相反，放大的成交量是在股价下跌到底部时才出现的。如果主力没有在股价下跌到底部时放量买入股票，应该是缩量下跌的。股价在下跌的过程中并没有成交量的配合，显然是主力想要股价在散户自然的抛售中出现下跌的行情。这样主力只要在底部顺便买入廉价筹码就能够完成建仓的过程。

　　从以上三天的分时图中可以看出，三天中股价在中途下跌的幅度都是在缩小的，从收盘跌幅达到 10%，再到盘中跌幅达到 7.26%，最后是下跌幅度只有不到 5%。可见该股股价的下跌趋势是不可持续的。事实上，股价在下跌到最低 16.21 元后就开始止跌企稳了。

第六节 跌势中放量反弹后的短线机会

股价在下跌时，成交量一般都是萎缩的状态。一旦股价企稳上涨，先于股价而动的一定是放大的成交量。短线投资者应该密切地关注成交量的变化，一旦出现放量连续上涨的情况，就可以马上行动。

如图 7-15 所示，均胜电子的日 K 线图中，该股在下跌的过程中趋势是相当明显的，股价沿着 10 日均线不断下挫。投资者遇到这样的下跌股票，一定要善于等待，善于持仓观望，待成交量有效地放大后再行动。因为股价的上涨一定是一波三折的，连续拉涨停的上涨股票还是不多见的。图中所示的 C 位置就是短线投资者介入的绝佳机会，在这个位置，成交量明显地放大了许多，并且股价紧跟着连续三天上涨，形成了底部"红三兵"形态。

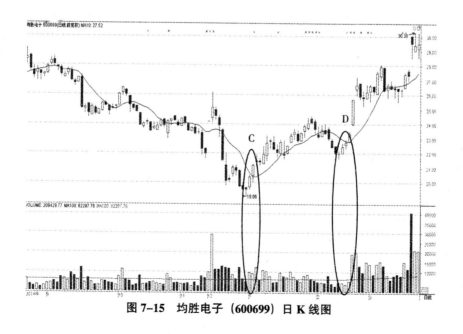

图 7-15 均胜电子（600699）日 K 线图

股价经过了短时间的上冲后，再次缩量下跌时又出现了一个绝佳的买入机会，那就是图中再次放量的 D 位置。同前一次的底部"红三兵"一样，这一次同样是出现了连涨三天的"红三兵"形态，还在观望的投资者这时就可以买入股票了。相比第一次的底部"红三兵"形态，第二次出现的底部"红三兵"形态再一次确认了股价的底部有效性，此时买入股票可以比第一次时更加安全。

第七节　连续放量中的短线机会

能够连续放量上涨的股票，从长远看一定是强势的大牛股。只要股价一有缩量回调出现，投资者买入股票就是比较不错的机会。股票不断放量上涨，在很多的时候是主力没能够高度地控盘，不断地对倒拉升股价时才出现的现象。每一次的拉升是主力对倒股票的开始，缩量时是主力无意拉升，短线投资者可以把握低位买入股票的时机。

如图 7-16 所示，从得润电子的日 K 线图中可以看出，自从该股出现了两根巨大的日成交量线以来，就开始了不温不火的上涨行情。不断放大的成

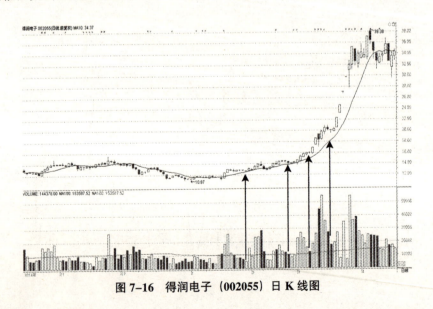

图 7-16　得润电子（002055）日 K 线图

交量说明该股的走势是相当稳定的。中途并未出现非常明显的回调，但是缩量整理还是比较多的，投资者介入该股的机会就在这些缩量小幅下跌的整理中。由于该股从上升形态上看，近似于"U"形反转；而很多能够走出"U"形反转的股票，上涨时是高不见顶的。而且随着时间的推移，股价上涨的速度会越来越快。只要股价没有出现非常明显的破位下跌，投资者都可以在缩量整理时买入该股。

第八节　地量中的短线机会

如图 7-17 所示，从南京熊猫的周 K 线图中可以看出，该股在上涨的过程中曾经出现了一次非常明显的缩量下跌行情。如果投资者细心地观察成交量的变化，就不难发现这种情况。两次的缩量基本上都可以算是"地量"。上升的趋势中出现地量的行情，说明主力惜售股票的情况已经非常严重了。既然主力在股价下跌时都不肯卖出股票，那么投资者还有什么理由不去购买呢？地量下跌后，股价一定还会重新进入上升趋势中，投资者

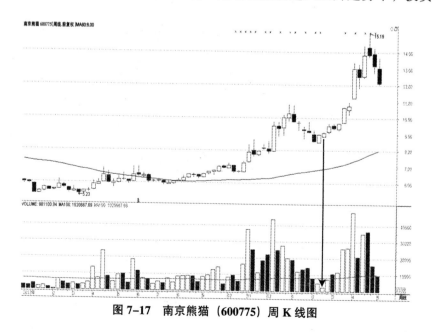

图 7-17　南京熊猫（600775）周 K 线图

要做的只是买入股票而已。

如图 7–18 所示，从南京熊猫的日 K 线图中可以看出，该股日 K 线中的
E 和 F 两个位置的缩量并不是很明显。但是在周 K 线图中看就非常明显。这
样，短线投资者在看 K 线图时，多看一下不同周期的股价和成交量的变化，
更能够得到相对可靠的买入信号。实践中，投资者多看一下周 K 线图和小时
K 线图是比较好的选择。

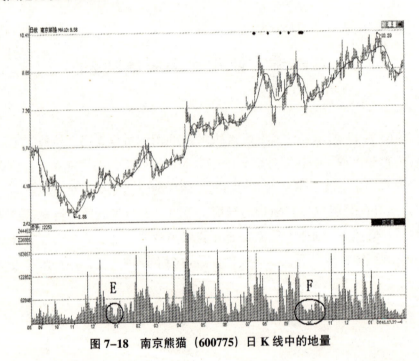

图 7–18　南京熊猫（600775）日 K 线中的地量

第九节　天量中的短线机会

如图 7–19 所示，从万东医疗的周 K 线图中可以看出，该股从 2007 年 5
月的最高价格 21.29 元附近连番下跌，最后竟然跌到了 2008 年 11 月除权后
的价格 2.93 元。下跌幅度之大、持续时间之长是比较罕见的。但是就在股价
持续地缩量下跌的过程中，众多的小阴线后突然出来一根跳空上涨的中阳

线。就是这根中阳线完全吞噬了前边长达 11 个月下跌的小阴线。而更加值得投资者注意的是，出现中阳线的一周内，成交量也放到了从该股上市以来从未有过的天量。

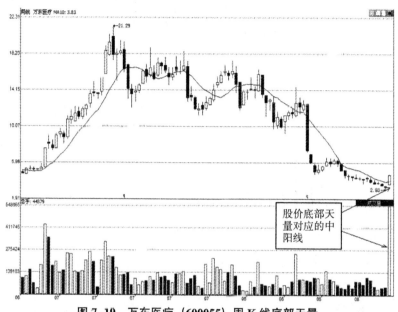

图 7-19　万东医疗（600055）周 K 线底部天量

　　底部出现天量后，显然是主力无法控制地做多该股。底部天量大涨后，后市一定会出现天价的上涨幅度。短线投资者这时介入该股，显然是非常不错的投资机会。

　　如图 7-20 所示，从万东医疗周 K 线图中看出，第一根天量中阳线出现后，该股又接着出现了两周的中阳线。连续三周的天量显然已经确认了股价的上升趋势，投资者可以在这时不断地加仓该股。后市股价的上涨幅度一定会对应地创下天价。

　　如图 7-21 所示，万东医疗在出现了连续三天的天量成交后，股价的上涨的趋势得到不断的延续。股价上涨过程中不断萎缩的成交量，恰好说明天量中主力建仓的力度是非常大的，今后拉升中根本不需要放量就可以使股价一涨再涨。到 2010 年 6 月，该股已经从上次最低价格 2.93 元上涨 500% 以上达到 19.69 元。

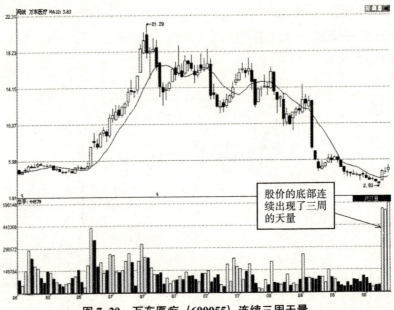

股价的底部连续出现了三周的天量

图 7-20 万东医疗（600055）连续三周天量

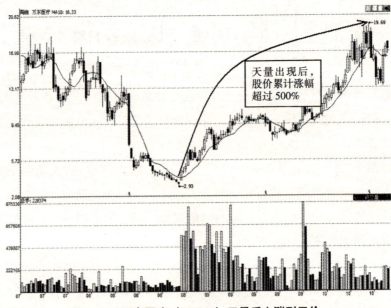

天量出现后，股价累计涨幅超过 500%

图 7-21 万东医疗（600055）天量后上涨到天价

第八章　通过涨跌停板挖掘短线机会

第一节　涨跌停板的推动因素

涨跌停板在国外很多国家并不存在，在我国香港地区的股市中也没有涨跌停板的限制。但是在我国内地，国家出于控制投资者过度投机买卖股票的动机，对市场中股票的交易实行涨跌停板的限制。在有涨跌幅限制的交易制度下，投资者每个交易日可以买卖股票的范围只能在涨跌幅10%以内。股价每日上涨和下跌的幅度均不会超过10%。

一、公司盈利能力推动的涨跌停

事实上，上市公司的股票价格是由业绩支撑的，没有好的盈利水平，股价很难有实质性的大幅上涨行情出现。股票价格涨跌变化总是反映未来预期盈利状况。预期的公司盈利能力提高、净利润将大幅度地增加时，上市公司的股票价格就会大幅度地上涨；而公司的预期盈利能力下降时，股价是不会有很出色的表现的。当然股价也会受到短时间的利空或者是利多的盈利消息的刺激，而出现大幅度的下跌和上涨。如公司发布年报、中报时业绩出现了大幅度的上涨或者下跌，股价即使当天没有来得及发生变化，在以后的几天内必定会出现相应的上涨或者下跌。

如图 8-1 所示，从深南电 A 的日 K 线图中可以看出，该股在被披露业绩预增后，股价以涨停的方式报收。这说明业绩预增对于股价的刺激还是非常大的。业绩预增后，股价的估值比较合理，上涨后是比较容易回调的。从

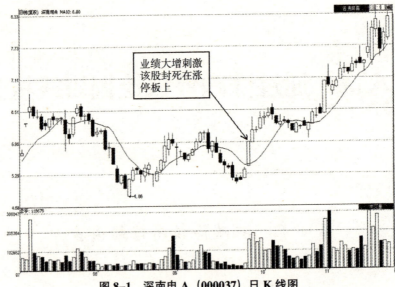

图 8-1　深南电 A（000037）日 K 线图

图中可以看出，股价涨停后并未出现非常明显的回调，而是延续了上升的趋势。

如图 8-2 所示，从华润锦华的日 K 线图中可以看出，该股的上涨过程可谓扶摇直上。业绩暴涨 460%~490%，催生出了这只暴涨的大牛股。股价从最低价格 8.76 元开始启动，连续上涨到了 14 元附近，短时间的涨幅高达

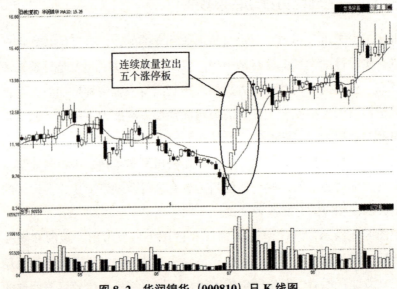

图 8-2　华润锦华（000810）日 K 线图

60%。截至 2010 年 8 月 18 日该股报收 15.69 元，又再次上涨了 10%以上。

华润锦华这只大牛股，属于典型的业绩炒作类股票。公司由于纺织业务的经营情况好转，营业利润大幅度地增加，导致了该股的业绩发生了爆发式的增长。公司产品涨价的同时，原材料的涨幅却没有跟上产品的涨幅导致业绩大幅增加，这样的爆发式的高增长虽然难以持续，但是短时间内已经可以使股价发生质的变化了。

业绩预告出来后，该股即刻开始了人涨的行情。业绩暴涨背后是公司股价估值水平的提高，低估的股票在大跌时尤其值得关注，华润锦华就是在经历了大幅度的下挫后才开始顽强上涨的。

二、国家政策消息推动的涨跌停

股市的稳定对于上市公司顺利筹集资金十分重要，而对于投资者来说也是收入稳定的基石。那么如何才能够保证股市的稳定呢？仅仅靠市场的自动调节功能是远远不够的。当然市场的各项交易规则也不能够完全保证股价就可以正常、平稳地运转。有时候投资者是非常盲目的，而股市也经常是狂涨狂跌的。当股市过度偏离正常的运行规律时，国家势必出台一系列的调控政策来稳定投资者情绪，维护市场稳定。国家在调控股市时，非常有效的手段就是通过增加或者降低税率，来调节投资者的买卖行为，进而影响股票价格的运行方向。如在股市下跌不止时，国家出于保护中小投资者利益和维护上市公司融资环境的考虑，降低印花税率使投资者的交易费用减轻，就会引起股市的大幅上涨。相反，如果股市长期上涨，指数不断创新高，多数个股的估值早已经偏离了正常的范围，那么国家就可以出台提高印花税率的政策，来抑制投资者的过度投机行为。国家抑制股市过度投机的政策出台后，股市在短时间内都会有很大的跌幅。并且从长远看，市场的投资行为一定会在税率增加的前提下有所收敛，从而使股价回落到合理的估值上来。

如图 8-3 所示，从上证指数的日 K 线图中可以看出，国家两次出台调降股票交易的印花税率措施后，指数分别在 4 月 24 日和 9 月 19 日大涨 9.29%和 9.45%（图中 C、D 位置所示）。受到 ST 类股票涨跌停板 5%的限制，指数的涨跌停也不可能真正地达到 10%的幅度。但是指数上涨 9%以上，只能发生在市场中多数个股都涨停的基础上。

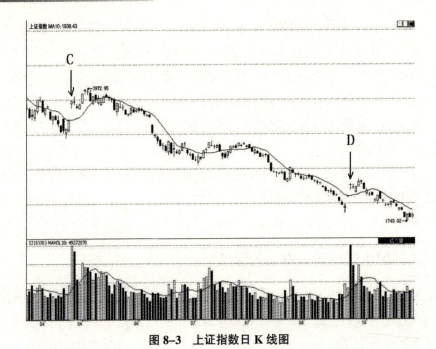

图 8-3　上证指数日 K 线图

　　如图 8-4 所示，从保利地产的日 K 线图中可以看出，该股在印花税下调的利好刺激下，明显地出现了两个连续的涨停板。从股票涨停出现的方式上

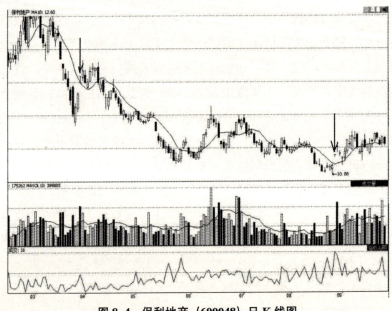

图 8-4　保利地产（600048）日 K 线图

看，在开盘集合竞价时，该股价就已经涨停了。只是在开盘后，股票的涨停板又被打开了一些，而后才再次拉升到涨停的位置。涨停的背后，说明国家税率调控政策是非常有效的，可以在短时间内对股价的走势产生实质性的影响。但是从长期看，股价本身的变化趋势一旦确立，在短时间内是难以改变的。就像上证指数的走势一样，两次印花税率的下调都只是造成了指数短时间的上涨，接下来的时间又延续了先前的下跌趋势。这说明即使是利好政策的刺激，也只是具有短时间的拉升作用，长期来看上涨还要得到市场的肯定才行。

三、题材炒作推动的涨跌停

既然讲的是短线投资，那么题材的炒作就是不可不说的一个方面。市场中有诸多题材股票成为市场大肆炒作的对象，众多的牛股都是源于题材的不断炒作。市场中，投资者炒作的题材种类众多，从新能源、新材料到奥运概念、高铁概念、核能概念再到国家的四万亿投资计划、西部开发战略等，都是属于题材概念的炒作。只要题材具有炒作的余地，股价还没有真正的见顶，题材股何时都是市场追逐的焦点股票。尤其是在弱市中，市场不存在个股同时上涨的条件，各种各样的题材股票就会不断地轮番爆发。大量的资金涌入那些所谓的题材股票时，不断的涨停也就随之发生了。

如图 8-5 所示，从中钢天源的日 K 线图中可以看出，该股是被主力以涨停的方式拉升的。为何主力会青睐这样一只深证小盘股票，原因就是中钢天源的题材非常好。中钢天源属于典型的袖珍股票，总股本只有 8400 万股。截至 2010 年 8 月 27 日，收盘价格为 14.85 元，对应的市值只有 12.5 亿元。主力想要操作这样的小盘股票，可谓十拿九稳。公司的主营业务涉及软磁、硬磁和稀土磁等多种有色金属，软磁器件、硬磁器件及相关配套设备的研发、生产和销售形成了一体化的产业链。同时公司业务的扩展可以借助其大股东中钢集团的产品营销网络，实现由小到大、由弱到强的跨越式发展。

在二级市场上，中钢天源的大股东已经大幅度地增持了该公司的股票，控股达到 29.14%。这说明大股东对公司未来的成长还是非常看好的。在市场炒作上，磁性材料为 2010 年中下旬的热点题材，该股快速上涨自然不足为奇了。

图 8-5　中钢天源（002057）日 K 线图

四、股价技术上波动推动的涨跌停

股票市场中，众多的投资者使用技术分析的手法，来预测股价的涨跌幅情况。当众多的投资者在分析股价时，在同一时刻得出了股价即将大涨的技术形态，并且不约而同地买入股票，那么股价就很可能会以涨停价格收盘。相反，如果投资者通过技术分析得出的结论是股价即将破位下跌，那么众多的投资者会一致看空后市，而在同一天卖出股票，这样股价很可能在当日收盘前就已经达到跌停价格。

众多的投资者看多经常出现在股价连续上涨后，即将发力放量大涨的时候。如连续小阳线上涨的股价，很可能在技术分析者的眼中会很快地加速上行，这样一来，当买入股票的投资者越来越多时，股价就很自然地加速上涨以至于达到涨停价格。股价处于显而易见的跌势中时，用技术分析手法买卖股票的投资者可能早已经发现了跌势将会一直持续。同样股价也会在多方逐渐转变成空方时，在某一天以跌停的价格收盘。

如图 8-6 所示，从方兴科技的日 K 线图中可以看出，该股在 9 元附近启动，短时间内上涨到了最高价 16.25 元附近，涨幅是非常惊人的。这样股价在见顶后，出现了快速的下跌调整走势。从图中可以看出，该股在下跌过程中连续出现了四根阴线，并且还出现了跌停的现象。如此大幅度的下跌调整，使得该股短期的走势出现明显的超卖。既然股价处于短期超卖，那么在反弹时回抽就是比较符合多方意愿的。图中可以看出该股确实出现了反抽的现象，并且在上涨的第二天就以涨停价格收盘。涨停后该股的继续强势特征又一次大涨了 8.86%。如果投资者能够把握住这样的上升行情，那么短时间的收益还是相当可观的。

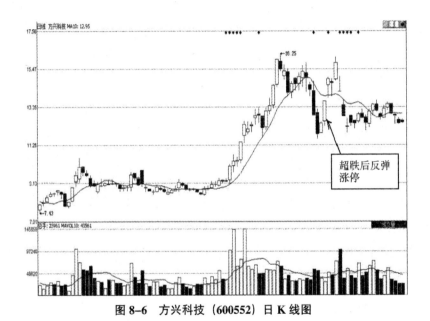

图 8-6　方兴科技（600552）日 K 线图

第二节　认识涨停板的量能特征

出现涨停板的股票，表明涨停股的交投非常活跃，需求也比较旺盛，能够调动大量的投资者蜂拥而上来购买该股票。吸引众多散户追涨的涨停股票，连续大涨的可能性非常大，其中的高收益是相当可观的。正因为如此，投资者研究涨停股的走势，分析其量能变化才具有现实意义。

为何要重点分析量能的变化？原因就是股价的上涨一定是资金推动的，既然这样，尽心地研究成交量和股价变化及它们的关系，就可以使投资者更加清楚主力做盘的过程，这对于抓住潜在的连续涨停股是非常有好处的。涨停股的成交量由于主力的不同、主力在分时图中做盘拉升的时刻不同等有很多明显的差异。主力实力比较弱时，盘中拉升的时间比较长，相应的成交量也会变大；而主力实力强，经常是不顾一切地拉升股价，涨停的股票通常都发生在股价开盘时，拉升的方式也常采取一步到位的手法。从日K线图中看，短时间的拉升涨停势必造成成交量的严重萎缩。更有甚者，主力如果控盘的程度非常高，以涨停价格开盘并且盘中涨停板被封死，都是有可能的。开盘时涨停的股票，在日K线图上看是一根"一"字线，并且基本上看不出成交量。采取"一"字拉升时，成交量一定是非常小，小到让投资者从日K线图中根本就看不出其变化。

在分时图中，主力选择拉升的阶段不同，反映在日K线图中的成交量变化也是有很大区别的。开盘后拉升到涨停板的时间越早，成交量变化越小。从开盘拉涨停和尾盘拉涨停就可以看出成交量的极小和极大现象。极大的成交量是因为盘中交易的时间段长，才造成了成交量的放大。

综上所述，涨停板的股票成交量基本上可以表现为无量涨停、缩量涨停、放量涨停和天量涨停四种情况。下面就分别介绍这四种成交量下的涨停特点。

一、无量涨停

股价无量涨停的股票如果是主力主动的拉升造成的，那么主力的控盘能力一定非常高，仅用少量的资金就可以将股价拉升到涨停板。主力敢于在开盘时拉升股价到涨停板，说明主力资金强大，有足够的资金接住上方抛售的筹码。在这种情况下，短线投资者如果有机会可以坚决做多，后市股票一定还会有连续不错的表现。

除了主力主动拉升至涨停板的股票外，个股受到政策利好的影响也会出现无量涨停的现象，这时投资者就应该综合分析政策的作用，考虑是否追涨跟进。

如图 8-7 所示，从美欣达的日 K 线图中可以看出，该股被主力拉升的过程显然具有非常明显的爆发性。阴跌中几乎没有经历过像样的调整，股价就一飞冲天，连续拉出了四个涨停板。但在拉升后成交量根本没有显示出放大的迹象，只是与股价涨停前持平而已。

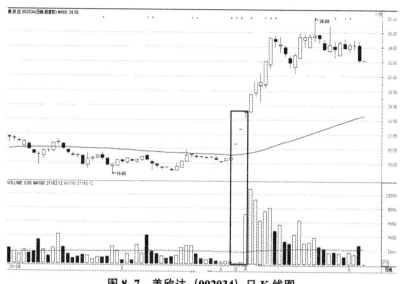

图 8-7 美欣达（002034）日 K 线图

无量涨停的背后是主力暗中做盘。在拉升股价前，主力就借机买入了大量的流通筹码，市场调整到位时，主力用大单子在开盘就把股价拉升到涨停板上。主力采取开盘拉升涨停的做盘手法，使得短时间的成交量变得非常大，但是与涨停前的成交量相比较，并没有发生根本的变化。主力在拉升的途中，必然会有一些沉不住气的散户提前兑现收益，那么拉升过程中出现很小的成交量就是散户抛盘，主力和少量的散户接盘的结果。

图中四天连续的"一"字涨停后，主力在高位完成了筹码向散户的转移，这样涨停板打开的当天成交量放大了很多，达到天量的程度。这是主力抛售股票以及大量的散户追涨买入，共同造就的放量涨停。其中最后一次的涨停是散户资金推动的结果，跟主力的作为无关。

二、缩量涨停

一般情况下，缩量拉升股价也是主力高度控盘的表现。主力拉升不需要很大的成交量就可以将股价拉升到涨停板，这只能在主力控股后才能发生。缩量拉升的涨停板一般都出现在开盘不久，主力使股价高开高走，股价在开盘后很短的时间内就被瞬间拉升到涨停板上。当然，有时候主力也会在临近收盘时，采取爆发性的拉升动作，使股价在短时间内被拉升到涨停价位。这种拉升方式中，盘中根本没有成交量放大出现，而在收盘时出现的放大成交量，从日K线图上看同样可以是萎缩的。

特别是主力在临近收盘的几分钟，利用大笔资金采用自买自卖的对倒手法，把股价瞬间拉升到涨停的价位，对当日成交量的影响几乎是微乎其微的。如果盘中股票交易的成交量萎缩，收盘时成交量同样不会受到尾盘拉升的影响，从日K线图中看量能同样可以是萎缩的状态。

如图8-8所示，从山煤国际的日K线图中可以看出，该股在下跌过程中并没有较大的反弹出现。但是就在股价下跌到20元附近时出现短时间的横盘整理行情，且无意中却出现了一根缩量涨停的大阳线。在2010年6月1日，该股以涨幅9.99%收盘价格顺利涨停。观察图中的换手率仅为1.76%，

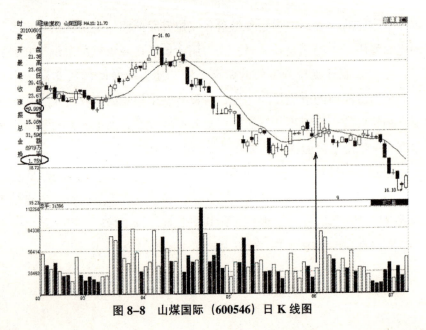

图8-8 山煤国际（600546）日K线图

如此低的换手率出现在股价涨停时，只能是高度控盘的主力所为。那么主力究竟采取什么样的手法拉升股价，才使得换手率如此之低？可以从分时图中股价的走势中看出一些眉目来。

如图 8-9 所示，山煤国际 2010 年 6 月 1 日的分时图中，该股的涨停显然是出乎大多数投资者意料的。主力利用临近收盘时仅仅不到两分钟的时间，用对倒的手法把股价拉升到了涨停板上。手法之隐蔽，是众多的投资者都不可能预测出来的。

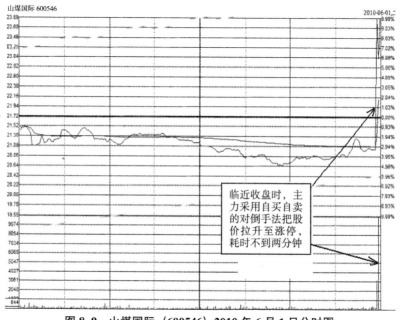

临近收盘时，主力采用自买自卖的对倒手法把股价拉升至涨停，耗时不到两分钟

图 8-9 山煤国际（600546）2010 年 6 月 1 日分时图

一般来说，这样的尾盘放量涨停的个股，后续的上涨空间是非常让人质疑的。如果真的是实力强大的主力，是不会采取这种显得比较"卑劣"的手法来拉升股价的。而如果是主力在开盘时拉升股价到涨停板，即使是无量状态涨停，在尾盘时投资者如果有机会介入，还是可以买入的。

三、放量涨停

放量涨停是出现概率比较大的涨停方式。很多的股票由于市场的关注程度增加，股价可以在盘中不断地被拉升，投资者见到股价的上升趋势非常明显，也会不顾一切地去追涨买入股票，这样在买盘的大力推动下，股价在尾盘被拉升到涨停价位就很正常了。盘中被缓慢抬高涨停的股票，一定是资金推动形成的涨停，所以日K线图中成交量一定是放量状态。

能够放量涨停的股票一般都属于那种市场一致看好的热门股票，或者是龙头股票。市场转好的时候，市场中对这样的股票的需求一定是非常旺盛的，拉升到涨停板也是众多的投资者一直做多的结果。短线投资者买入这样的股票，后市一定会获得可观的收益。

如图8-10所示，从长城影视的日K线图中可以明显地看出，该股由于涨停出现了非常明显的成交量放大现象，成交量放大带动股价涨停也是非常符合逻辑的上涨。从日K线图形态上看，一根跳空的大阳线出现在股价反弹的过程中。放量的大阳线形态说明股价是受到了主力和散户的共同作用才开始上涨的，这样的上涨也就有很强的延续性，后市依然可以看高一线。

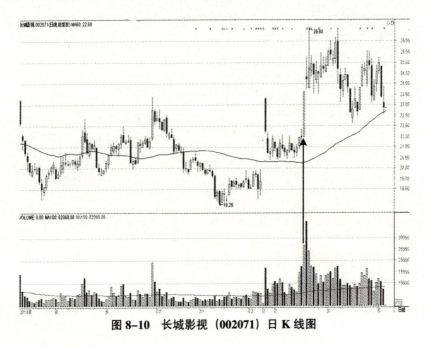

图8-10　长城影视（002071）日K线图

四、天量涨停

天量涨停的股票在市场中是不多见的，但是股票一旦出现天量涨停，那么该股票在后市中的走势一定是非常被看好的。天量涨停的股票被视为主力做多坚决的象征，如果不是非常看好后市，主力也不会花费大量的资金把股票拉升到涨停板上。那么，在市场中为何能够出现天量涨停的股票，其根本原因是多空双方交易的资金量都大量地增加了，但是多方的资金实力更加强大一些，所以多方才能够势如破竹地拉升股价到涨停板。如果没有看多后市的强大决心和信心，主力的这种拉升方式是难以想象的。投资者在这种天量的拉升中，根本不用犹豫不决，买入才是盈利的硬道理。

也有的股票是在利空时出现过度的下跌后才被大笔的资金拉升向上的。这种情况的拉升方式，投资者要谨慎地做多，因为短暂的大涨很有可能是由于短线客们抄底所致，后市中这样的股票不一定会有很大的上涨空间。原因是利空的作用不是短时间能够被消除的，短时间的技术性反弹造成的大涨也是不可以延续的。

如图 8-11 所示，从金风科技的日 K 线图中可以看出，该股在风平浪静的股价走势中突然出现了天量涨停的超级大阳线 K 线形态。考虑到该股是中国风力设备的重要提供商，公司一般不会受到重大利空消息的影响而出现比较大的下跌。深究其放量涨停的原因可以得知，是由于限售股解禁造成的放量。

图 8-11 金风科技（002202）日 K 线图

　　一谈到大小非解禁，投资者就会出现一种莫名的恐惧心理。之所以会有这种恐慌心理，与众多解禁后大小非的抛售行为是分不开的。当然也与市场环境、股价的估值以及公司发展的前景等密不可分。

　　但是限于金风科技良好的行业背景、强大的公司实力以及光明的发展前景，限售股解禁的当天股价虽然一度下跌了不少。但是看好该股的主力并未抛售，反而开始增持该股，所以股价才能够在放量抛售中以涨停价格收盘。图中可以看出当天股价上涨了10.00%，换手率高达21.70%之多。

　　如图8-12所示，从许继电器的日K线图中可以看出，该股在2010年8月20日是以涨停9.99%收盘的。与金风科技不同，该股之所以上涨是由于利空因素的影响造成了股价的大幅度下挫。在股价超跌后出现散户低位抄底的现象，所以才造成了股价的涨停。既然出现利空的消息，那么股票的上涨就没有什么理由可以支持了。短时间的上涨后，股价上冲一定会因上涨乏力而再次出现下跌的现象。

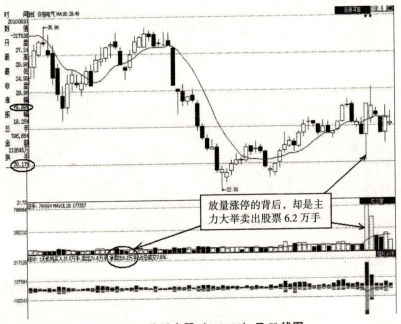

放量涨停的背后，却是主力大举卖出股票6.2万手

图8-12　许继电器（000400）日K线图

　　投资者从图中也可以看出，该股上涨后第二天确实出现了上涨乏力，而快速下跌回来。涨停后的第二天股价以小幅下挫0.70%收盘。图中显示的涨

停当天，机构投资净卖出高达 6.2 万手，这种情况属于典型的机构出货散户接盘的涨停。非但股价上涨不可能持续，市场不好的情况下这样的股票下跌的幅度将会更大。

如图 8-13 所示，许继电器涨停当天的分时图中，开盘时该股遭受了前所未有的抛售，以至于股价疯狂地下跌到了接近跌停的价位。盘中散户接盘后，股价依然可以上涨到涨停板。这样日 K 线图中就出现了一根很能够唬人的下影线很长的大阳线，即便如此，公司业绩微涨 20%，高达 70 倍以上的超高市盈率也不足以支持股价的高位运行。

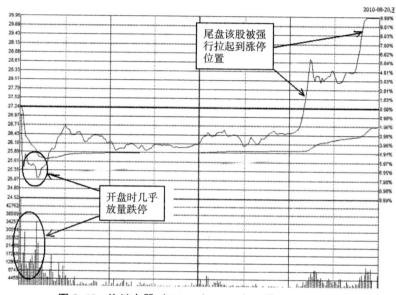

图 8-13 许继电器（000400）2010 年 8 月 20 日分时图

第三节 涨停板下捕捉短线机会

一、缩量回调的买入机会

股票在放量涨停后，由于上方的抛售压力大增，股价势必会出现短暂的回调。但是投资者要清楚地知道，这样的回调绝大多数是散户所为，因此从成交量上看，回调的股价对应的成交量是萎缩的。投资者买入股票的机会就是在股价略微下跌而成交量萎缩时，这时买入的股票一般可以是低于前期的涨停板价位的。这样投资者恰好可以借机买入廉价的筹码，等待主力的再次拉升股价。

如图 8-14 所示，从老白干酒的日 K 线图中看出，股价的上涨可谓不温不火地进行着。但是在股价横盘一段时间后，显然主力有些等得不耐烦了，开始大幅度地拉升股价。股价连续三天的放量涨停，就能够说明主力的拉升意愿是非常强烈的。而连续涨停三天后，股价缩量整理时是短线投资者买入股票的好时机。等待调整完毕，股价大幅度上涨的潜力还是有的。

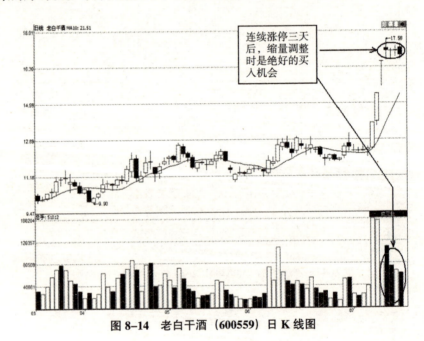

连续涨停三天后，缩量调整时是绝好的买入机会

图 8-14　老白干酒（600559）日 K 线图

如图 8-15 所示，从老白干酒的日 K 线图中看出，该股经过六天的强势缩量横盘整理，浮筹引起的卖压基本上消耗殆尽时，股价又一次出现了涨停的行情。而后股价涨停的第三天缩量整理时，又是一次绝佳的买入时机。缩量回调说明主力没有真的出货，下跌的股价恰好为投资者买入股票创造了不可多得的机会。

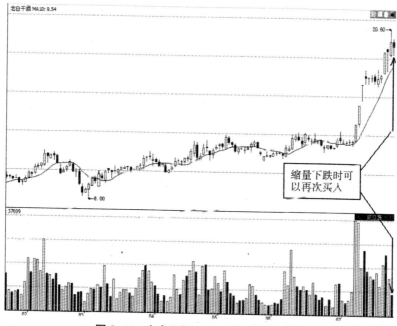

图 8-15 老白干酒（600559）日 K 线图

如图 8-16 所示，能够第二次买入股票的短线投资者很幸运，该股再次出现了一个涨停板。然后是第三次的缩量回调。这次缩量回调跟前两次没有

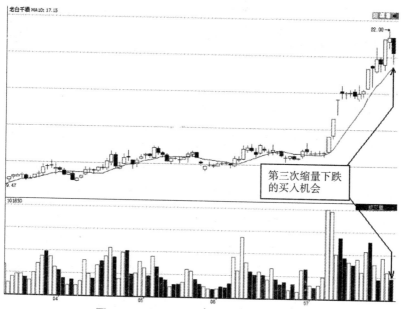

图 8-16 老白干酒（600559）日 K 线图

较大的区别，成交量还是萎缩的。这证明如果投资者不买入，就又失去了一次盈利的大好机会。

如图 8-17 所示，老白干酒在三次缩量回调后，上涨的动力基本上消耗完毕，这时股价出现了非常明显的破位下跌。顶部三连阴出现，基本上预示着股价已经见顶了，短线投资者持股的时间也宣告结束。投资者卖出股票的不错位置，是在股价破位下跌后反抽上涨时。

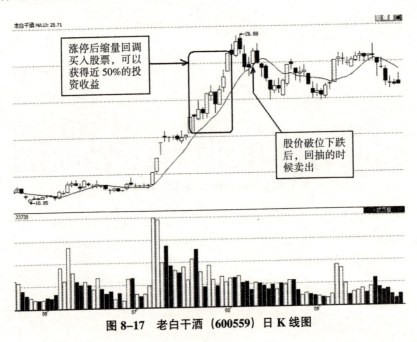

图 8-17　老白干酒（600559）日 K 线图

二、高位强势横盘的买入机会

出现在涨停板的股票，回调的空间可能不会很大。由于市场中的追涨杀跌效应，股价在涨停板出现后，回调的空间是非常小的。投资者有时不能够指望股价出现大幅度的回调就可以买入股票。强势整理待涨的股票，即使短线投资者买入了，下跌的概率也是非常小的。

如图 8-18 所示，从津膜科技的日 K 线图中可以看出，该股上涨前几乎没有一点趋势反转的意思。但是就是这样一只被多数投资者遗忘在脑后的股票，放量涨停就更具有突然性。投资者如果不关注涨跌幅排行榜，是很难发现这样一只突如其来的大牛股的。

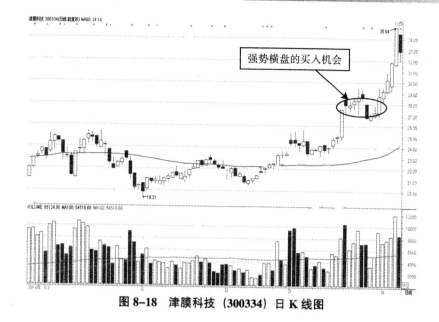

图 8-18　津膜科技（300334）日 K 线图

　　想要抓住这种突然出现的牛股，其实并不容易。因为其股价的上涨速度比较快，高开后就被快速地拉升到涨停板的价位。投资者只有手快一些才能买入这样的股票，或者是在图中所示的缩量横盘整理时买入，买入后虽然盈利不多，但是仍然有所斩获。

三、涨停后强势上涨的买入机会

　　涨停后连续的上攻，尤其是在市场处于牛市时是经常可以看到的。不出现回调才是真正的强势股票的正常变化趋势。而弱势涨停的股票，是不可能有延续性的上涨情况出现的。即使股票涨停后不出现回调，投资者也应该买入股票，这样的连续强势上涨的股票，短期内变化的可能性是非常小的。连续强势上涨的股票，投资者买入的机会一般在股价低开或者高开回调时。

　　如图 8-19 所示，从康恩贝的日 K 线图中可以看出，股价涨停后根本没有出现任何的回调。但是该股的上涨幅度并不是很大。股价只是在涨停后小幅度地不断向上攀升。投资者应对这样的股票，抓住时机买入即可。鉴于价格不断被抬高，投资者买入的时间越早，持仓成本就越低，这样才能够获得更好的投资回报。

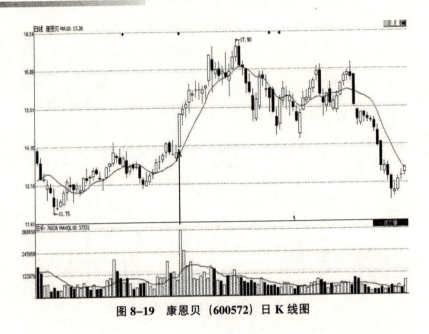

图 8-19　康恩贝（600572）日 K 线图

第四节　跌停板下捕捉短线机会

短线机会不仅可以在涨停的个股中挖掘，同样被错杀的跌停股也是具有上涨潜力的。

在指数走势平稳时，出现大涨大跌的股票是非常罕见的，多数个股即使不上涨也不容易出现跌停的现象。如果没有特别大的利空因素出现，而个股却出现跌停的现象，那么跌停的个股很多时候能够成为投资者参与短线交易的理想目标股。具有涨跌停限制的 A 股市场，在主力人为操纵下，股价出现跌停并非难事。主力即使不出货，洗盘时把股价打入跌停板中也是可以的。这时候跌停的股票，就为投资者创造了很好的短线建仓机会。

那么如何把握跌停个股，我们可以从以下两个方面来挖掘。

一、技术性跌停的买入机会

技术性的跌停经常出现在股价短时间内上涨过大后，若股价短时间调整的需求比较大，会在某一天随之跌停。技术性的回调出现的跌停，一般持续的时间很短。在股价下跌到位后，还会在以后出现上涨的机会。投资者只要把握好市场的节奏，在股价出现反转时即刻买入股票，短时间的盈利还是比较丰厚的。

如图 8-20 所示，从悦达投资的日 K 线图中可以看出，该股在见顶后疯狂的下跌过程中出现了短时间的调整，并于调整后以一个跳空的大阴线跌停收盘。股票下跌的初期到最后的跌停过程中，成交量不断地萎缩。这说明抛售的投资者并不多见，成交的股票中多数为恐慌性的抛盘所致。尤其值得一提的是，股价在下跌途中横盘整理后再次缩量跌停。在此萎缩的成交量表明，市场中做空的动能已经非常小了，当股价出现企稳迹象时，该股渴望延续上升的势头。

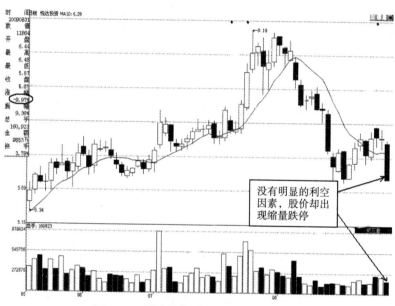

图 8-20　悦达投资（600805）日 K 线图

如图 8-21 所示，从悦达投资的日 K 线图中可以看出，缩量跌停后股价下跌趋势明显放缓，并且几乎出现了停滞下跌的现象。成交量已经萎缩到了地量状态。大跌后的地量恰好说明市场中众多的投资者都采取了观望的态度，股价已经不具备再次下跌的动能。这时恰好是投资者买入股票的大好机会，缩量整理后必定会绝地反弹。

从零开始学短线（第三版）

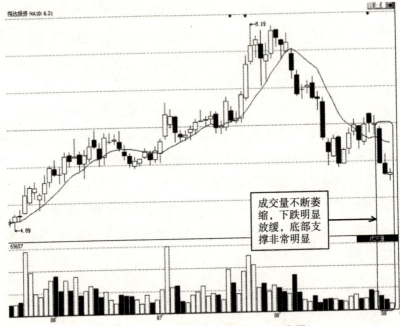

成交量不断萎缩，下跌明显放缓，底部支撑非常明显

图 8-21 悦达投资（600805）日 K 线图

如图 8-22 所示，悦达投资在缩量大跌后，股价地量见底，并且开始了绝地大反弹行情。后期看来，该股在没有明显的利空消息影响下，走势出现

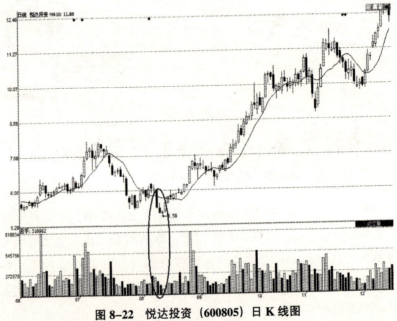

图 8-22 悦达投资（600805）日 K 线图

— 208 —

了跟随指数的连续下跌，并且在见底前缩量跌停，显然市场中看空的投资者已经非常少了，投资者在股价缩量整理时买入还是非常不错的机会。被错杀的股票，大跌后必然会有大的反转行情出现。

二、短期利空跌停的买入机会

短时间的利空促使股价跌停，这种跌停都有其突发性的特征。上市公司由于受到不可预知的突如其来的利空因素的影响，股价出现短时间的跌停是可以接受的。事后，投资者要头脑清醒地重新评估利空因素的影响。若跌停后的股价有一定的估值优势，短时间内出现回调是必然的。

如图 8-23 所示，伊利股份在 2008 年出现三聚氰胺毒奶粉事件后，市场表现异常恐慌。该股不断地以跌停的价格报收，从下跌前期的 13 元左右价位破位下跌到了最低 6.62 元，股价被拦腰截断。如此疯狂的下跌，即使在 2008 年的熊市中也是不常见到的。虽然出现了利空的毒奶粉事件，但是凭借公司在国内奶业市场中的地位，影响不足以长时间的持续。毕竟公司上下会做出相应的应对措施，使公司渡过短暂的难关。

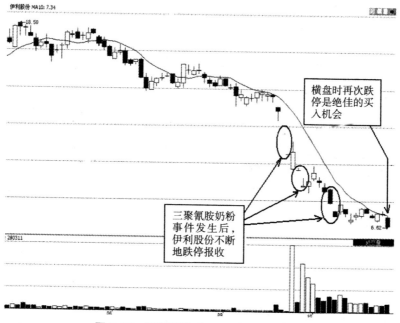

图 8-23　伊利股份（600887）日 K 线图

　　股价疯狂的下跌过程反映了投资者情绪的变化，起初下跌的速度比较快，但是随着时间的推移，股价重心不断地调整到位，投资者也逐渐认识到了事件的不可持续性。这样短线投资者可以在股价趋稳或者是在趋稳后再次跌停时买入股票，这时候一定是物有所值的。

　　如图 8-24 所示，从股价的后期走势看，该股下跌到横盘区域时就是买入的最佳时机。连续跌停后，巨大的成交量并没有使股价出现回调的走势，相反该股的价位中心继续下移。股价真正地趋稳最后一跌时，恰好是投资者买入股票的好时机。从后来的趋势看，买入价位就是该股的历史低位。随着以后指数企稳上涨，该股成为一只不折不扣的牛股。

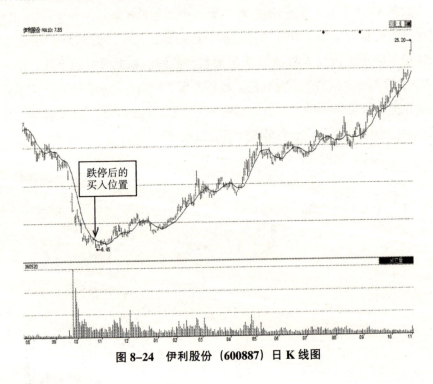

图 8-24　伊利股份（600887）日 K 线图

第九章　通过题材股发掘短线机会

第一节　题材股炒作过程分析

分析题材股的炒作前，值得一提的是与之相关的凯恩斯的"空中楼阁"理论。这个理论的基本观点是：多数的投资者买卖股票时，不是重点关注上市公司的内在价值以及股价的估值，而是把大量的精力放在了预期大众投资者未来的投资行为上。简单地说就是投资者选择股票的依据就是股价预期能够成为大众买卖的重点，只要买入的股票能够成为市场追涨的焦点股票，那么投资者就有可能以更高的价格出售，而获得不错的收益。

事实上，能够抢先一步抓住市场炒作热点的散户往往能够获得超额的收益。不管这样的股票是否具有真正的所谓的投资价值，只要是散户和主力一致认为具有炒作空间的股票，那么赚钱的效应就可以呈现出来。

通过"空中楼阁"理论买卖股票的投资者，其实就是在买卖市场中被大众认可的题材股票。不论市场处于何时，总是能够看到市场中众多的题材股票轮番表演涨停的好戏。尤其是在国内 A 股市场中，投资者追逐热点板块、买卖题材股票，已经成为主力和散户心照不宣的共识。通常题材股票上涨前，一定会有主力入驻其中，时机成熟时主力便开始大肆拉升股价。具体炒作过程如下：

一、掘地三尺挖掘题材股

市场中虽然有众多的题材股票可以被用来炒作，但是具有真正的拉升潜力的个股并不多见。主力要想提前布局题材个股，挖掘出题材中的价值，就显得比较迫切了。从题材的内容看，市场中可以有农机补贴题材、新能源题材、稀土永磁题材、核能核电题材、智能电网、林地规划等众多的题材种类。对于不同题材，主力有不同的挖掘方式。但是归根结底，主力都是要进行前期的调研，了解公司的基本情况后，才能找到合适的题材。

二、布局题材股

在题材股被挖掘出来后，主力要做的第一件实质性的动作就是进行建仓。只有在二级市场上获得了足够多的流通筹码后，在合适的时机大肆拉升股价，主力才能够获得丰厚的利润。主力将大部分资金用于建仓，剩余小部分资金用于今后操作股票。操作股票的过程包括试盘、洗盘、拉升和出货等动作，其中用于拉升的资金是比较大的，耗费的时间也比较长。即便是建仓比较重要，但是很多时候用于拉升控盘的资金同样是很重要的。资金太少，拉升时容易受到抛盘的压力而受阻回落，枉费拉升的时机。只有足够多的资金用于对抗散户的抛压，股价的持续上涨才有可能。很多时候，主力用于拉升和控盘的资金要非常丰厚。资金雄厚的主力还可以在拉升时做些波段性的操作，这样即使股价累计的上涨幅度并不大，主力想要盈利也是非常容易实现的。

三、抓住拉升时机

主力挖掘到合适的炒作题材，并且初步完成仓位的配置后，在手中有足够的流通筹码时，接下来就要选择合适的时机拉升股价。主力拉升的时机虽然不一定选在市场疯狂上涨时，但是拉升需要指数的适当配合。若主力在市场阴跌不止时突然发力拉升目标股，这样只会带来太多的抛售压力。通常来说，在指数企稳并且上升的趋势不太明显时，便是主力操作股票的最佳时机。弱势的市场中，突然大涨的题材股最能够吸引投资者的眼球，这样一来主力只需用少量的资金就能使股价突破下跌趋势，股价就可以在追涨盘的带动下马不停蹄地涨上去。

在市场从下跌的趋势中突破，并且逐渐企稳上涨时，题材股中的龙头股会首先在实力强大的主力联合做多下，开始疯狂地上涨；其次龙头股带动相关题材的个股一起开始冲高；最后这一个板块的相关个股都各自轮番见顶，题材股票的炒作才告一段落。按此过程，其他的主力又开始拉升各自所持的题材股票，火热的题材股票炒作就此展开来。

四、一步拉升到位

拉升阶段是题材股充分展现其活力，并且发挥赚钱效应的最佳阶段。处于拉升阶段的题材股，上涨方式一定是非常激进的，市场中数不胜数的题材股都是在不断地涨停中见顶回落的。题材股启动阶段的坚决涨停，对市场造成的冲击是非常大的。本来弱市中就没有几只能够强势大涨的股票。突如其来的涨停题材股一定会点燃追涨散户的热情，最后股价在浩荡的追涨盘的簇拥下坚决涨停。只要市场中，投资者的追涨热情还在，主力就不愁赚不到钱。

五、媒体开始宣传

媒体的宣传对于主力操作股价是必不可少的工具，特别是在主力出货时，获得散户追涨支撑的股价是主力完成出货的有力保证。但是，散户凭什么要在股价的顶部接盘，这就要依靠媒体的力量。在股价见顶时，主力会使媒体竭尽全力地为自己出货造势，天花乱坠地宣传上市公司良好的发展前景和股价如何的合理等。如果哪位散户"有幸"看到或听到这样的宣传，并且在顶部买入了股票，那么遭受惨重的投资损失是不可避免的。

股价真正成为热点前，是不会有媒体告诉投资大众的，只有主力将股价拉升到位后，出货时机到了，对应的媒体才会出现在投资者面前大肆宣传。

六、主力获利出局

在弱势的市场中，虽然指数真正开始上涨需要大盘股票的支持，但是即使指数不涨，题材股也可以率先上涨到位。当众多的题材股轮番上涨后，大盘蓝筹股票才刚刚启动上升的行情。这时启动上涨行情的大盘股恰好为题材股中的主力创造了出货的时机，主力在指数上涨的掩护下开始逐渐地高位出货，并且转手买入被市场低估的低价蓝筹股票。这样题材股票和大蓝筹股票的上涨也就完成了转换。

主力利用大盘蓝筹股作为掩护出货的过程，正反映出主力在把握拉升节奏上的准确性。不同的阶段，主力采取了不同的操作策略来拉升不同类型的股票。题材股票在拉升到位并且见顶回落时，通常都是在有主力诱惑的阴谋下实现的。散户在不断地追涨股票时，总是想象着股价上涨的空间无限高，以致不顾高位下跌的风险不断地追涨题材股票。高位出现的大阴线和上影线形态都是主力抛盘出货、散户接盘亏损的铁证。

第二节　如何挖掘题材股

一、明确题材的特征

所有的题材股具有的共同特征就是其朦胧的想象空间。主力之所以喜欢炒作题材股，而散户又喜欢追涨题材股，原因不是其所属的上市公司的业绩优良等，而是对其潜在业绩改善的预期，促使股价可以不断地被抬高。题材股的炒作都是在事实出现前，主力利用未兑现的资产重组、高送转、预盈预增等题材，为投资者描绘出一幅非常诱人的公司发展前景图。能够大幅上涨的题材股，也就是主力和散户共同认可并且加以炒作的股票。当然不论题材股的炒作前景多么诱人，投资者都不能指望股价马不停蹄地上涨。题材股运作的很大一个特征就是行情来得快，去得也快。除非是能够给公司的盈利带来长期利好，并且可以被主力和散户认可的题材股，其股价长时间地延续上升行情才有可能实现。对于散户来说，难的不是找到并且买入题材股票，而是如何控制自己的贪婪心理，在适当的时候卖出股票。

二、关注政策消息动向

散户炒股听消息已经在市场中达成了共识。有什么样的国家政策支持股票，就有什么样的题材股开始活跃。题材股票之所以能够延续上涨的趋势，与主力的大肆炒作是分不开的。主力不用靠追逐市场的热点获利，他们就是热点题材股票的制造者，当国家出台相关的政策时，主力一定是最先于市场中多数投资者而动的。

如为了应对 2008 年国际金融危机带来的不利影响，拉动社会投资和促进经济发展，国家出台了中央新增 1.18 亿元带动四万亿元投资的计划。如此大的投资计划是历史上罕见的，必然会带动相关上市公司业绩的大发展。主力当然也不会错过这样的绝好炒作机会。选择那些政策涉及面大的行业个股来拉升，必然能够获得市场中多数股民的认可。政策变化曾引发炒作的热门题材有十大产业振兴规划、人民币升值、新能源汽车发展规划和新疆西藏振兴计划等。题材板块就是在这些利好政策的影响下不断展开的。

三、深入挖掘题材的内容

炒作题材股票重点在于能够深入地挖掘题材中隐含的内容，发现没有被拉升而又具有炒作潜力的题材股票。因为有了题材股的不断被挖掘，市场上各种题材股票才能够不断地轮番被拉升。相同题材的各种股票才能够在市场中轮番表演涨停的好戏。真正具有长期炒作价值的题材股票，被炒作的时间是比较长的，而且其上涨的空间也是非常巨大的。股价见顶后，相关的个股还会延续上涨的行情。如在稀土材料的炒作过程中，包钢稀土的走势可谓相关题材股中的龙头股了。只要龙头股不倒，相关个股依旧具有连续炒作的空间。与包钢稀土相关的稀土个股中，锌业股份就是其中很具有爆发力的一只题材股。该股在 2010 年初爆发以来连续的大幅度上涨就是例证。与稀土永磁相关的个股中，横店东磁、太原刚玉是两只上涨时间比较早的股票，而中钢天源就是在这些率先发力的牛股动作后才开始上涨行情。与中钢天源的题材相差比较远，但是同属于中钢集团控股的中钢吉炭在 2010 年 8 月 30 日也出现了涨停的现象。可见题材股票是可以不断地被挖掘，而涨停也是可以连续复制的。

四、不同题材的转换

题材股的活跃时间一般都是非常有限的，短时间的暴涨后一定会出现调整的行情。涨幅过大的题材股会出现见顶回落的现象，没有上涨的题材股也会在以后择机而动，来弥补处于调整阶段的题材股造成的下跌缺口。投资者在卖出滞涨的题材股后，择机买入其他的正在上升阶段的题材股票就会获得不错的收益。不同题材板块的股票在联动上涨时，投资者只要能够跟上市场炒作的步伐，那么获得投资收益还是有保障的。

五、涨停板中的题材股

题材股被炒作时，非常容易出现涨停的现象。尤其是在题材股刚进入上升状态时，市场中众多散户手中的资金会不约而同地砸向这些题材股票，可以说这时候涨停板就是为了题材股票准备的。弱势市场中出现突然放量大涨的题材股票，是很能够吸引投资者眼球的。题材股出现在涨停板上，也是主力在拉升前吸引投资者的一个非常好的手法。不以涨停的方式证明其题材股的上升潜力，后市要想有连续的上涨是不大可能的。例如，在 2010 年初大旱中突然发力上涨的抗旱节水板块个股，如利欧股份、新疆天业等，2010 年 8 月兴起的稀土永磁概念的北矿磁材、横店东磁、中钢天源等个股，都曾在主力的大肆炒作下不断冲击涨停板。其中横店东磁在主力和散户的一起簇拥下，在一周的时间内出现了三个涨停板；北矿磁材和中钢天源也是连续的涨停板。题材股的涨停速度虽然快，但是只要投资者抓紧时间介入其中还是可以有不错的收益的。

第三节　如何短线操作题材股

题材股的走势具有很强的短期性和暴涨暴跌的特征。投资者在操作题材股时一定要注意买卖的手法，多在细节上下功夫才能够获得比较好的投资收益。操作的细节包括进行技术分析、了解上市公司的基本面情况、关注主力资金进出动向、及时转换题材等，掌握了这些操作技巧才能够在题材股的炒作中游刃有余。

一、公司基本面

题材股中能够持续上涨的股票是必须有业绩支持的。没有相应的业绩作为后盾，再好的题材也很难在市场中不断地被拉升。在题材股炒作完成后，投资者一定会面对主力高位出货时股价下跌的风险。有业绩支撑的题材股，即使股价涨幅过大，也可以在价格高位吸引买盘购买股票。这样主力出货后，虽然股价也会下跌，但是跌幅不会很大。而没有业绩支撑的股票，在龙头股见顶后，高位跳水的风险就非常大了。如此一来，投资者挑选题材股票时，选择一些既有题材、业绩又不错的股票，持股的风险就相对小得多。

市场中炒作题材股的初始阶段，可以认为是价值发现的过程；而题材股涨幅过大以至于高位见顶回落，可以认为是股价的价值回归。但是不管是由于何种原因导致的股价下跌，持有一些既有业绩又具有相应炒作题材的股票是可以保护投资者的资金安全的。

二、股价的上涨幅度

题材股能否具有持续性的上涨条件，还要看股价是否在前期有了很大的上涨幅度。题材股大涨启动后，是不错的买入机会。但是已经连续出现多次涨停的个股，投资者就要注意潜在的投资风险了。题材股也会因为热点的转换，而出现涨跌互换的情况。任何的题材股都会有失去题材效应的时候，投资者在介入题材股票前，应该事先研究一下股票的上涨潜力。既没有经过大涨又处于炒作初期的题材股票，在以后是有很强的上升空间的。

除了看涨幅外，K线形态、均线分布状况以及指标大小，都是投资者判断一只股票炒作空间的依据。选择持有一些K线形态呈现出大阳线多头形态、均线多头向上发散分布、指标一致向好的股票，后市被炒作的余地就会非常大。

三、题材是否被认可

题材股究竟能够在多长时间、多大程度上被不断地大幅拉升，取决于题材被认可的程度以及题材有效时间的长度。被广泛认可的题材股可以获得广大散户的大力支持，而持续时间越长的股票，越能够为投资者带来较好的投资回报。被炒作的题材能够持续多久，要看题材何时会失效。题材一旦失效，股价也就没有任何上涨的理由，见顶回落是必然现象。像处于春季抗旱题材的个股，在大旱过后来一次强降雨一定会使题材失去被再次炒作的依据。还有像资产重组的个股，在重组以前主力会为散户描绘出一幅公司成功重组后美好的盈利蓝图，但是真正在充足的消息兑现时，股价可能也就失去了再次上涨的依据。题材如果成为事实，也就不能够称之为题材了，这时候主力也就没有了再次拉升的必要。

四、主力的动向

题材股发动涨停行情，需要的资金不是一点半点的，其中大量的资金来源于主力的腰包。没有主力不遗余力的拉升，题材股的上涨空间是很有限的。能够大幅度上涨的股票，都缺少不了主力的不断运作。散户在追涨题材股票时，继续持股的理由中有一点应该来源于主力。只要主力资金没有出现大量的回撤，投资者依然可以稳定地持股不动。主力都不会畏惧股价连续上涨中蕴藏的巨大风险，那么散户也就没有必要担心了。只要是股票没有出现太大的破位，等待主力继续拉升股价还是不错的选择。

如果题材股票抛售压力很大，主力在拉升股价时，利用缩量下跌的机会出货还是非常有必要的。只有缩量调整后，股价再次被拉升时才更具爆发性，上涨的可能性才会很大。喜欢炒作题材股的投资者，不应该主观臆测股价未来的上升空间，而应跟着市场的炒作节奏，在拉升过程中不断地持股。股价真正见顶回落时再考虑出货，那样获得的收益就会非常丰厚。

五、轮换题材股

炒作题材股票时，一定要注意题材的轮番炒作现象。抓住市场中最为热门的题材，并且是刚刚兴起的个股，这样在以后才能够获得更好的回报。不仅如此，相同题材中的股票也会发生热点转换的现象，不同时期持有不同的热点股票，投资者的资金就会在每时每刻都升值。弱势市场中，大盘蓝筹处于垫底的状态，而题材股票的活跃恰好为市场增添了不少的投资机会。市场的活跃，仅凭一两种题材是很难持续很长时间的。不同题材轮番上涨，恰好为投资者提供了炒作的机会。经常在涨停板的股票中选择一些像样的龙头股，并且在题材没有衰竭前持股，总能获得丰厚的收益。

第四节　题材股的短线炒作——稀土永磁题材

就已探明的稀土储量来说，稀土资源占全球 36.52% 的中国，是世界上第一大稀土资源国。而且在统计的 2009 年稀土产量中，中国以 12 万吨的稀土氧化物产能占到世界的 96.99%。可以说中国是世界上具有绝对垄断地位的稀土大国。以上是国内稀土行业的产能情况，以及国内稀土行业在世界稀土生产中的地位。

由于稀土行业对于国民经济的重要性日益突出，国家早在 2008 年就制定了稀土配合出口制度，以调整出口结构，限制低附加值的产品出口，促进稀土行业的健康发展。到了 2010 年 7 月 8 日，国家下达的年内第二批稀土出口配额只有 7976 吨，相比当年第一批稀土出口配额减少 1.4 万吨；相比 2009 年第二批稀土出口配额，环比减少 64.2%，同比减少 69.8%。如果看 2010 年全年的稀土出口配额，全年减少 2.23 万吨，减幅高达 39.5%。

2010 年减少的稀土出口配额，说明国家下决心要大力保护稀土资源，整顿稀土行业并且努力取得世界稀土产品的全球定价权。

与稀土相关的稀土永磁材料，大量用于消费电子产品、电机产品、汽车产品等。没有了稀土永磁产品，这些行业是很难发展壮大的。在广泛的产品需求刺激下，稀土永磁行业的发展前景一片光明。特别是在国家大力提倡节能环保的政策指引下，稀土永磁材料的消耗大户中的电动汽车行业、风力发电行业和变频家电行业等加速推进发展，将大量地增加稀土永磁材料的消耗量，促进相关公司的发展。

与此同时，国家对于稀土永磁材料的出口控制力度加大，使得这些用于电子、军事等领域的战略资源得到了前所未有的高度重视。国内外经济从 2008 年的国际金融危机恢复过来后，各个领域对稀土永磁材料的强劲需求必将给稀土永磁行业的龙头企业带来可观的经济收入。

综上从国家在世界上稀土产销中的地位，以及稀土行业整顿后好的发展前景看，上市公司中的稀土产销大户必将会在今后取得骄人的业绩。这也正是稀土永磁材料相关个股上涨的真正原因。

稀土永磁相关的上市公司中，有横店东磁、北矿磁材、中钢天源、包钢稀土、广袤有色和太原刚玉等相关个股。其中包钢稀土、广袤有色早已经是市场中长期被追捧的大牛股了。而在相关的题材不断地被挖掘炒作过程中，横店东磁、太原刚玉也相继崛起成为不错的题材型大牛股。同时题材还不断被扩展到北矿磁材、中钢天源等个股上。可以说稀土永磁相关个股都已经在不同时期成了市场中的"宠儿"，在主力和散户不断地拉升和追涨下，表现出不同程度的牛股特征。

如图 9-1 所示，从太原刚玉的日 K 线图中可以看出，平白无奇的股价走势，不会引起任何投资者的注意，更别说让人联想到大牛股了。但就是这样的一只股票，题材却给了它大涨的机会。稀土永磁题材使该股插上了狂涨的翅膀。流通股本不足两万股，股价不足 8 元正是主力操作的最佳股票。

图 9-1　太原刚玉 K 线图

如图 9-2 所示，太原刚玉在 2009 年 8 月 25 日开始爆发以来，到了 9 月 3 日已经上涨了 61%。题材类牛股的上涨总是出乎投资者预料；上涨方式也经常是放量涨停。如果投资者没有注意到股价的上涨，那么一旦题材股票进入到升势中，短时间内拉涨停一定会让投资者后悔不已。哪怕是短短一两天

图 9-2 太原刚玉日 K 线图

的犹豫不决，都会失去很多潜在的投资收益。

第五节 题材股的短线炒作——锂电池题材

2010 年的股市中流传着一句话"有锂走遍天下，无锂寸步难行"。事实如何？锂电池相关个股真是大涨特涨，各家锂电池题材的股票连番上演涨停的好戏。如果短线投资者没有抓住锂电池这一热门的炒作题材，那么也就错失了一次绝好的盈利机会。

为何锂电池题材受到如此多的投资者关注呢？原因就是其作为未来新能源汽车的心脏所发挥的作用是巨大的。国家的大力扶持也是催生新能源汽车中的锂电池概念持续走高的原因。热炒锂电池时，哪怕是一个错误的消息，都能够使股价连续地出现涨停。

例如，2010 年 8 月下旬传闻安徽同济高科技新能源股份有限公司预投资10 亿元于锂电池项目，相关的同济科技股票还没等大众弄清楚是怎么回事，就立即爆发了涨停的行情。连续涨停两天后，公司相关人员出面澄清了消息为炒作，并无此事。但是即便得知消息并不真实，该股仍然在当天以涨停价格报收，换手率高达35%。

如图9-3所示，从同济科技的日K线图中可以看出，传闻公司10亿元投资于锂电池后，该股立即放量大涨。两天换手率分别高达16%和17%。不论是散户还是主力都没有轻易放过这次炒作的机会，不管消息是真是假，先炒高股价赚到钱再说。但是等真正的消息得到澄清后，该股的上涨动能还存在吗？如图9-4所示，投资者就清楚了。

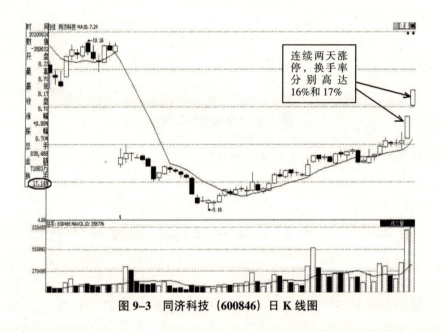

图9-3　同济科技（600846）日K线图

如图9-4所示，8月25日公司澄清10亿元投资于锂电池的消息不实后，散户们还是不顾一切地将股价推上了涨停板。不过这一次的涨停也成为该股这段时间内的最后一次涨停板，换手率高达34.79%，说明短线进入该股的炒作者还是很惧怕其中的巨大风险的。涨停当天，巨量背后是许多短线客获利了结的动作。不计后果的暴炒三天后，该股终于在第四天跳空下跌结束了这一小波上涨行情。

同济科技的锂电池概念炒作的时间相当短暂，但是却充分说明了这一题材的"热度"。仅仅一个被释放出来的假消息就能够使股价暴涨，说明市场中的投资者还是非常认可这一题材的，对于任何的可能信号都不放过。除同

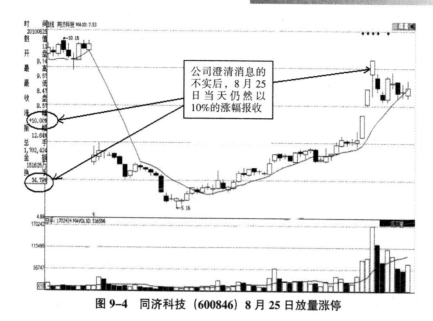

公司澄清消息的不实后，8月25日当天仍然以10%的涨幅报收

图 9-4　同济科技（600846）8 月 25 日放量涨停

济科技这只股票外，更加动人心弦的疯狂涨停出自于成飞集成的涨停走势。

如图 9-5 所示，从成飞集成的日 K 线图中看出，该股从除权后的最低价格 8.45 元猛涨到 47.74 元的过程中，竟然出现过 12 个涨停板，如此大涨实属两市中少见的妖股。短时间还没有哪一只股票的走势能与这只锂电池题材的股票相比较。即使在交易所对其停牌时，该股还在停牌前以涨停 10%收盘。对于锂电池题材，市场已经敏感到疯狂的地步。

如图 9-6 所示，从德赛电池的日 K 线图中可以看出，该股的启动时间是 2008 年，当时只有不到 4 元的股价。到了 2010 年 8 月底，该股已经是高达 35 元的价位了，两年时间内增长高达 800%。这种能够在长时间走牛的个股，在两市中也是比较不错的题材股。不论投资者是在后期加速上涨阶段买入该股，还是从始至终地长线持有该股，获得丰厚的投资收益都是非常容易的。

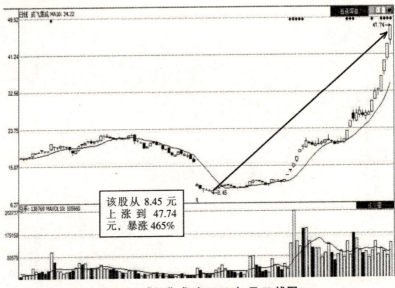

该股从 8.45 元上涨到 47.74 元，暴涨 465%

图 9-5　成飞集成（002190）日 K 线图

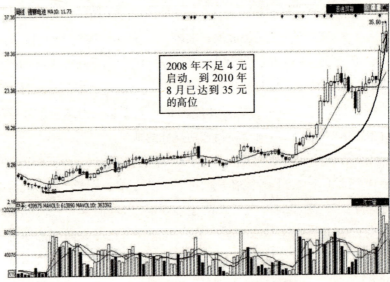

2008 年不足 4 元启动，到 2010 年 8 月已达到 35 元的高位

图 9-6　德赛电池（000049）日 K 线图

第六节　题材股的短线炒作——西藏区域题材

2010 年市场炒作的题材中，一个不可不说的题材板块就是西藏区域板块股票。题材炒作的就是预期和想象力。西藏板块是一个非常值得投资者大胆想象的题材板块。受到国家西部大开发政策的支持，西藏板块上市公司在今后将会更加抢眼。

对于有潜力上涨的题材类股票来说，市盈率等硬性指标已经不能够用来说明股票是否值得购买，股价能否上涨。题材成为炒作西藏板块股票的重要理由之一。2010 年 8 月受到新一轮西部大开发十年规划拟定的影响，国家在今后必将会投入更多的资金有效地支持相关产业和上市公司的发展，这对西藏板块来讲是一个非常大的利好消息。

本来西藏板块的股票就是一个非常抗跌的板块，在 2010 年指数下跌将近 26% 时，西藏板块仅仅下跌了 7%。相比其他的热门板块，西藏板块的股票表现是非常不错的。加上利好消息的刺激，西藏板块的股票更是不负众望，相关个股出现连续的大涨行情。其中最值得一提的就是率先发力的西藏城投这只股票。

如图 9-7 所示，从西藏城投的日 K 线图中看出，股价从利好消息一出来，就连续以四个涨停板的幅度上涨。作为西藏板块率先启动的龙头股，西藏城投在四个涨停板后还会有不错的表现。短线投资者如果在该股涨停的第一时间追涨买入的话，获得 20% 以上的投资收益是非常容易的。当然投资者需要的就是识别牛股的慧眼和买入牛股的勇气。像西藏板块这样的好题材，平时不会发动攻势，但是一有个风吹草动，疯狂上涨是很明确的，短时间内一般不会出现非常明显的回调。

如图 9-8 所示，西藏城投在连续放量大涨前，曾经也出现了跟随指数的小幅调整。但是图中显示的该股的调整幅度不是很大，只是在一个矩形区域内上下的波动，并没有出现破位下跌。如此强势的走势也只有在热点板块中才可以出现。

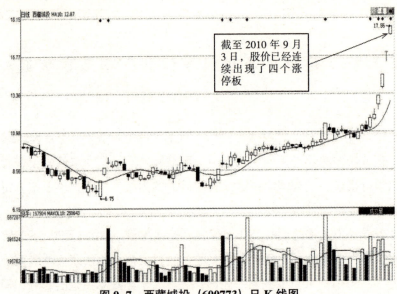

截至 2010 年 9 月 3 日，股价已经连续出现了四个涨停板

图 9-7　西藏城投（600773）日 K 线图

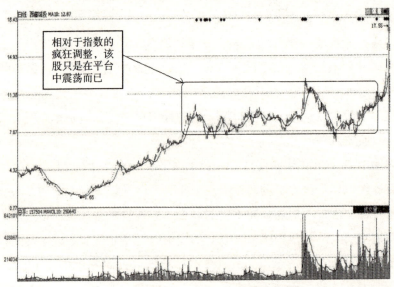

相对于指数的疯狂调整，该股只是在平台中震荡而已

图 9-8　西藏城投（600773）涨停前的走势

　　如图 9-9 所示，上证指数的日 K 线走势同西藏城投这只股票相比就弱了很多。同一时间，指数在 2010 年 7 月初才见底 2300 点开始回升，而西藏城投的股价早已经高高在上了。

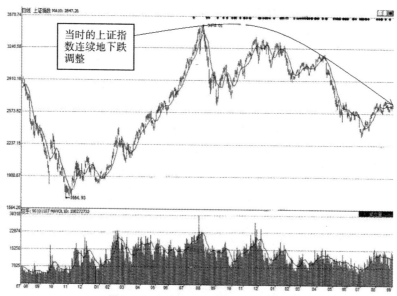

当时的上证指数连续地下跌调整

图9-9 当时的上证指数日K线图

如图9-10所示，从西藏矿业的日K线图中可以看出，该股的上涨虽然不是很大，上涨速度也不是很快，但是在龙头股西藏城投的带领下同样进入了明显的上升趋势中。西藏矿业不仅是西藏这个区域题材中的股票，而且还是锂电池题材类的股票，今后连续上涨也是非常有可能的。

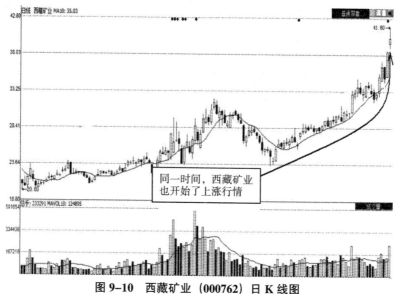

同一时间，西藏矿业也开始了上涨行情

图9-10 西藏矿业（000762）日K线图

如图 9-11 所示，从西藏旅游的日 K 线图中可以看出，在 2010 年 9 月 3 日，该股终于"按捺不住"并且以"一"字涨停的方式来回应市场龙头股的上涨。同属于西藏板块的西藏旅游，开始的时候由于停牌没能够上涨，开盘后紧接着就以一个涨停板来回应市场。这说明西藏板块确实已经成为当时的热门板块，并且在今后很长一段时间内也都将保持很高的热度。

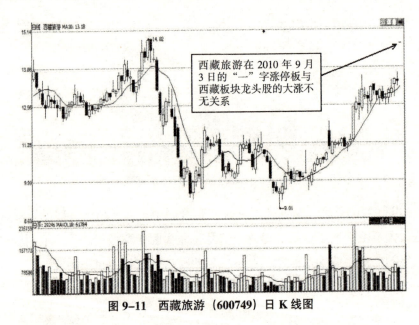

图 9-11 西藏旅游（600749）日 K 线图

第七节 题材股的短线炒作——高送转题材

东方园林是 2010 年两市中少有的百元股票之一。作为一只 2009 年底才上市的中小板块股票，该股票的业绩也是不容置疑的。2009 年底的年报出现时，该股每股收益高达 2.28 元。这么出色的盈利能力，必然会伴随着公司拆股分红的冲动。不出所料，2009 年底公司就出现了 10 派 3 转增 5 股的分配方案。

备受市场关注的这只百元股票，在 2010 年 7 月 7 日突然宣布停牌一天。上市不久就大幅度飙涨的东方园林一度成为市场中第一高价股票，复权后累计上涨幅度高达 200%。其大幅度上涨的原因之一就是公司签下了高达 30 亿元的大单，是 2008~2009 年签单的三倍多。就是这样一只处于市场焦点中的股票，会有什么样的利好消息呢？

首先就是东方园林的高送转方案，如"10 送 10"的高送转方案已经在股民中流传许久了，并且被很多投资者当成必将发生的事情来看待。事实上公司在 2010 年第一季度，每股净资产已经高达 14.09 元，每股公积金高达 10.15 元，每股未分配利润为 2.62 元，因此高送转的可能性是很大的。

事实上，东方园林的董事已经通过了 2010 年的利润分配方案：公司拟每 10 股转增 10 股，并派发现金股利 2 元（含税）。如此大方的分配方案在当时两市中还是很少见到的。受到这一重大利好消息的影响，东方园林这只股票又开始了短时间的疯狂飙涨。

如图 9-12 所示，东方园林在 2010 年的分配方案出台后第二天，股价就以开盘涨停的方式兑现了利好的影响。并且在接下来除权前的几个星期内，连续不断地上涨。从公司分配方案公布后到除权前的当天，股价又从 150 元附近大幅飙涨到了 229 元附近，涨幅高达 50% 之多。

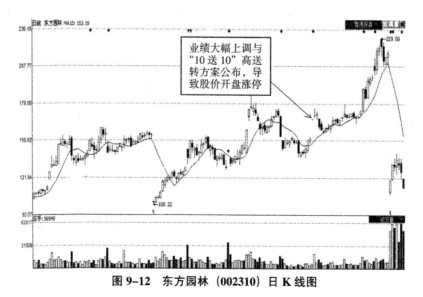

图 9-12　东方园林（002310）日 K 线图

中联重科也是 2010 年一只高送转后，不断大涨的牛股票之一。该股之前的业绩预增公告就显示公司半年净利润为 16 亿~21 亿元，大涨 50%~100%，每股收益也高达 1 元左右，增长 21%~62%。

　　据了解，该公司在 2010 年 3 月底每股资本公积金与每股未分配利润之和就已经高达 5.49 元。而理论上，只要每股资本公积金与每股未分配利润之和达到 1 元以上就具备了"10 送 10"的分配能力，这样中联重科的高送转也已经是箭在弦上了。

　　如图 9-13 所示，当公司公布了每 10 股送 15 股，并派发现金股利 1.7 元的分配方案后，该股于 2010 年 7 月 7 日就出现了"一"字涨停板，并且在这之后连续大幅度地上涨。在公司公布高分配方案后，股价从 17 元附近大幅度上涨到分配实施前的 25 元附近，涨幅高达 50%之多。

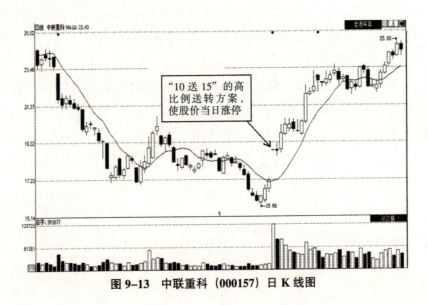

图 9-13　中联重科（000157）日 K 线图